Praxiswissen Netzwerkarbeit

Eike Quilling • Hans J. Nicolini
Christine Graf • Dagmar Starke

Praxiswissen Netzwerkarbeit

Gemeinnützige Netzwerke
erfolgreich gestalten

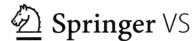

Jun.-Prof.in Dr. Eike Quilling
Deutsche Sporthochschule Köln
Deutschland

Prof. Dr. Dr. Christine Graf
Deutsche Sporthochschule Köln
Deutschland

Dr. Hans J. Nicolini
Köln, Deutschland

Dr. Dagmar Starke
Akademie für Öffentliches
 Gesundheitswesen
Deutschland

ISBN 978-3-531-17144-9
DOI 10.1007/978-3-531-18899-7

ISBN 978-3-531-18899-7 (eBook)

Die Deutsche Nationalbibliothek verzeichnet diese Publikation in der Deutschen Nationalbibliografie; detaillierte bibliografische Daten sind im Internet über http://dnb.d-nb.de abrufbar.

Springer VS
© Springer Fachmedien Wiesbaden 2013
Das Werk einschließlich aller seiner Teile ist urheberrechtlich geschützt. Jede Verwertung, die nicht ausdrücklich vom Urheberrechtsgesetz zugelassen ist, bedarf der vorherigen Zustimmung des Verlags. Das gilt insbesondere für Vervielfältigungen, Bearbeitungen, Übersetzungen, Mikroverfilmungen und die Einspeicherung und Verarbeitung in elektronischen Systemen.

Die Wiedergabe von Gebrauchsnamen, Handelsnamen, Warenbezeichnungen usw. in diesem Werk berechtigt auch ohne besondere Kennzeichnung nicht zu der Annahme, dass solche Namen im Sinne der Warenzeichen- und Markenschutz-Gesetzgebung als frei zu betrachten wären und daher von jedermann benutzt werden dürften.

Lektorat: Stefanie Laux, Yvonne Homann

Gedruckt auf säurefreiem und chlorfrei gebleichtem Papier

Springer VS ist eine Marke von Springer DE. Springer DE ist Teil der Fachverlagsgruppe Springer Science+Business Media.
www.springer-vs.de

Inhaltsverzeichnis

Praxiswissen Netzwerkarbeit 9

1 Definition und Grundlagen 10
   1.1 Der Netzwerkbegriff. 10
      1.1.1 Netzwerk und Kooperation – Versuch einer Abgrenzung 12
      1.1.2 Prinzipien der Netzwerkarbeit 13
   1.2 Netzwerktypen 14
   1.3 Aufbau von Netzwerkstrukturen 17
      1.3.1 Netzwerkzyklus 18
      1.3.2 Planungsebene 20
      1.3.3 Institutionsebene/Partner 20
      1.3.4 Strukturebene 21
      1.3.5 Handlungsebene 25
      1.3.6 Netzwerkevaluation 26
   1.4 Entstehung und Mehrwert von Netzwerken 29
   1.5 Erfolgsfaktoren der Netzwerkarbeit 32

2 Initiierung von Netzwerken 34
   2.1 Stakeholderanalyse oder
      wer sind relevante Akteurinnen und Akteure? 35
   2.2 Auftaktworkshop 44
      2.2.1 Auftaktworkshop planen 44
      2.2.2 Auftaktworkshop umsetzen 47
   2.3 Arbeitsprozesse bis zur formalen Gründung des Netzwerks 48
      2.3.1 Ziele und Teilziele definieren 49
      2.3.2 Leitbildprozess in Netzwerken 50
      2.3.3 Win-win-Bedingungen herstellen 52

		2.3.4 Arbeits- und Kommunikationsregeln vereinbaren	53
		2.3.5 Geschäftsordnung	55
	2.4	Gründungsveranstaltung	56
	2.5	Kick-off	57
	2.6	Rechtsformen	57
3	**Netzwerkmanagement**		**62**
	3.1	Struktur und Dimensionen des Netzwerkmanagements	62
	3.2	Management in der professionellen Netzwerkarbeit	64
	3.3	Rolle und Bedeutung des Netzwerkmanagements	66
	3.4	Kompetenzen des Netzwerkmanagements	68
	3.5	Aufgaben und Instrumente des Netzwerkmanagements	69
		3.5.1 Koordination von Netzwerkarbeit	69
		3.5.2 Moderation von Netzwerken	71
		3.5.3 Informationskultur und Wissensmanagement	76
		3.5.4 Kommunikation und Konfliktmanagement in Netzwerken	83
		3.5.5 Organisation und Administration	89
		3.5.6 Controllingaufgaben des Netzwerkmanagements	91
4	**Presse- und Öffentlichkeitsarbeit für Netzwerke der sozialen Arbeit**		**94**
	4.1	Corporate Identity und Corporate Design für Netzwerke	94
	4.2	Rahmenbedingungen für Presse- und Öffentlichkeitsarbeit von Netzwerken in der sozialen Arbeit	97
	4.3	Zielgruppen bzw. Adressaten der Presse- und Öffentlichkeitsarbeit	98
		4.3.1 Interne Öffentlichkeit	100
		4.3.2 Fach(politische)-Öffentlichkeit	100
		4.3.3 „Kern"-Öffentlichkeit	100
		4.3.4 Medienöffentlichkeit	101
	4.4	Methoden und Instrumente der Presse- und Öffentlichkeitsarbeit	101
		4.4.1 Pressearbeit	102
		4.4.2 Instrumente der Öffentlichkeitsarbeit	111

Inhaltsverzeichnis

5 Netzwerkevaluation 122
5.1 Begriffsbestimmungen Evaluation 122
    5.1.1 Definition Evaluation 122
    5.1.2 Selbst- und Fremdevaluation. 123
    5.1.3 Formative und summative Evaluation. 124
    5.1.4 Ex-ante und ex-post Evaluation 125
5.2 Bedeutung der Qualitätsdimensionen für die Netzwerkevaluation .. 127
5.3 Qualitätsdimensionen in der Netzwerkevaluation. 128
    5.3.1 Planungsqualität 128
    5.3.2 Konzeptqualität. 128
    5.3.3 Strukturqualität. 129
    5.3.4 Prozessqualität. 129
    5.3.5 Kommunikationsqualität. 129
    5.3.6 Ergebnisqualität. 130
5.4 Indikatoren, Methoden und Verfahren der Netzwerkevaluation. 131
    5.4.1 Allgemeine Aspekte 131
    5.4.2 Indikatoren der Netzwerkevaluation. 132
    5.4.3 Verfahren und Methoden der Netzwerkevaluation. 133
    5.4.4 Nutzwertanalyse 134
    5.4.5 Goal Attainment Scale 135
5.5 Fünf Schritte der Netzwerkevaluation 137
5.6 Netzwerkevaluation in der Praxis. 140
5.7 Fazit 143

6 Finanzierung 145
6.1 Netzwerkergebnisse 145
6.2 Partnerwahl. 147
6.3 Arten der Finanzierung. 148
    6.3.1 Innenfinanzierung 149
    6.3.2 Belastungsgerechtigkeit 149
    6.3.3 Nutzengerechtigkeit 151
    6.3.4 Außenfinanzierung. 152
    6.3.5 Einzelförderung. 156
    6.3.6 Verkauf von Leistungen 160
6.4 Finanzcontrolling. 161
    6.4.1 Organisation der Kontrolle 162
    6.4.2 Kennzahlen. 164
    6.4.3 Liquiditätssicherung. 165
    6.4.4 Liquiditätssteuerung. 166

      6.4.5 Abweichungsanalysen. 167
      6.4.6 Gemeinsame Ergebnisrechnung. 168
      6.4.7 Meilensteine in Projekten 168
      6.4.8 Risikocontrolling. 168
      6.4.9 Balanced Scorecard 168
  6.5 Fazit 170

7 Literatur **171**

Praxiswissen Netzwerkarbeit

Gemeinnützige Netzwerke erfolgreich gestalten

Die Auflösung „geordneter" und zusammenhängender Strukturen und die Zunahme der Individualisierung in städtischen Lebensräumen seit Mitte des 20. Jahrhunderts führte dazu, dass die kommunale Gesamtaufgabe der Daseinsvorsorge im Laufe der Zeit immer mehr in funktionale Teilaufgaben zerlegt wurde (vgl. Vahs, 2003) „In Folge dieser Zergliederung erfahren die Menschen die Dienstleistungen nicht mehr ganzheitlich, sondern funktions- und hierarchiebezogen in eine Vielzahl von Zuständigkeiten zergliedert" (Schubert 2008: 20). Dies führt nicht zuletzt bei den Dienstleistern dazu, dass Informationen nur unvollständig vorliegen und, dass in Bedarfsfällen nicht rechtzeitig eingegriffen werden kann. Dabei wurde insbesondere in den letzten zehn Jahren der Ruf nach ganzheitlichen Lösungen für die Bevölkerung immer lauter und die Antwort auf das Problem hieß und heißt häufig: „Wir brauchen ein Netzwerk."

In der sozialen Arbeit gibt es zahlreiche Beispiele für Netzwerke in unterschiedlichen Kontexten. In den vergangenen Jahren ist die Zahl der entstandenen Netzwerke ebenso rasant gestiegen wie die inflationäre Verwendung des Netzwerkbegriffs. Allerdings ist ebenso zu beobachten, dass sich viele Netzwerke nicht nachhaltig implementieren ließen. Viele Netzwerke lösen sich wieder auf, wenn beispielsweise die Fördermittel für die Netzwerkarbeit auslaufen.

Das vorliegende Buch soll einen Beitrag dazu leisten, Netzwerkstrukturen im sozialen Kontext ebenso professionell aufbauen und managen zu können, wie dies in der Wirtschaft selbstverständlich ist.

1 Definition und Grundlagen

Häufig wird die Gründung eines Netzwerks – insbesondere im Non-Profit-Bereich – als Lösung für fehlende Ressourcen betrachtet. Netzwerkarbeit bindet jedoch auch Ressourcen. Die Erwartungen in Bezug auf mögliche Ergebnisse werden oft zu hoch geschraubt, daher kommt es nicht selten zu Enttäuschungen in der Netzwerkarbeit.

Netzwerkarbeit ist aber eine hilfreiche Methode, Arbeit und finanzielle Ressourcen effizienter zu nutzen und die Effektivität von Maßnahmen zu erhöhen. Das erfordert zunächst jedoch, Zeit und Arbeitsressourcen zu investieren, um ein funktionierendes Netzwerk aufbauen und nachhaltig implementieren zu können (vgl. Kap.2).

1.1 Der Netzwerkbegriff

Der Begriff „Netzwerk" wurde ursprünglich im Jahr 1954 von dem Sozialethnologen J. Barnes bei einer Untersuchung der Sozialstrukturen (vgl. Barnes, 1969) auf einer norwegischen Insel eingeführt, als er feststellte, dass die vorgefundenen Organisationsmuster mit den herkömmlichen Kategorien nicht zu beschreiben waren:

- **Markt** – er beruht auf rechtlichen, insbesondere vertraglichen Regelungen und das bestimmende Element ist der Tausch, etwa von Ware gegen Geld.
- **Unternehmen und Verwaltung** – sie beruhen auf hierarchischen Strukturen und es gibt eine feste geregelte Ordnung, die auf der mehr oder weniger ausgeprägten Macht der Mitglieder beruht.
- **Sekten und vergleichbare Gemeinschaften** – sie beruhen auf einer strukturbildenden Ideologie, ihre Basis ist Vertrauen.
- **Expertenkulturen** – sie beruhen schließlich auf dem Wissen und/oder Können ihrer Mitglieder.

Barnes stellte in seiner Untersuchung eine andere, bisher nicht beschriebene Organisationsform fest: Das Netzwerk. Im Unterschied zu den o.g. traditionellen Organisationsstrukturen verfügen Netzwerke nicht über klare, einheitliche bzw. eindeutige und damit leicht zugängliche Strukturen. Allerdings haben sie mit anderen Modellen gemein, dass zwischen einer Vielzahl von Akteuren (Personen, Gruppen, Organisationen) Verbindungen bestehen, die erfolgreiches gemeinsames Handeln zur Erreichung eines vereinbarten Zieles anstreben. Die Form jedoch (Anzahl, Dichte und Intensität) kann dabei extrem unterschiedlich sein.

1 Definition und Grundlagen

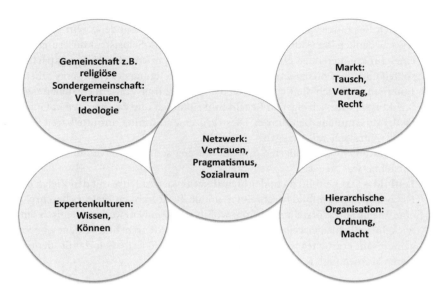

Abb. 1 Strukturen und Organisationsmuster (mod. nach Schubert, 2001, unveröffentlichtes Manuskript)

Die Koordination der Beteiligten, ihre Kooperation, die Aktivitäten und Verfahren bei der Verfolgung des gemeinsamen Zieles sind dabei nicht unbedingt festgelegt und in der sozialen Arbeit zu einem erheblichen Teil informell. Ein wesentliches Kennzeichen für Netzwerke – im Gegensatz zu den traditionellen Organisationsformen – ist, dass sie sich außerhalb von Markt und Hierarchie permanent und eigenständig definieren.

Die Stärke der Netzwerkakteure beruht darauf, bei einem gemeinsamen Ziel selbstständig Ressourcen zu akquirieren, zu mobilisieren und zu bündeln, unabhängig von der Art der Steuerung der Akteursbeziehungen. Durch den „Kollektivcharakter" des Netzwerks selbst entsteht etwas qualitativ Neues, ohne dass die Akteure ihre Eigenständigkeit verlieren. Jeder Akteur operiert einerseits für sich selbst und andererseits für das Netzwerk. Die Zusammenarbeit in Netzwerken ist kein einfacher Prozess und geschieht nicht automatisch. Sie ist das Produkt mühseliger Kleinarbeit und umgeben von immer neuen Barrieren.

Es gibt jedoch zentrale Elemente der Netzwerktheorie, die sich durchgängig in fast allen Netzwerken feststellen lassen:

- **Kooperation** – Sie setzt Austauschprozesse zwischen den Beteiligten voraus. Das können Ressourcen wie Zeit, Geld, Informationen und anderes sein. Bei strategisch denkenden Akteuren erfolgt eine Netzwerk-Selbststrukturierung mit einer funktionierenden Selbstkontrolle. Die kooperierenden Netzwerkpartner sollten über das Potenzial verfügen, das zur Verstetigung des Netzwerks führt.
- **Emergenz** – Durch die Kooperation der Akteure im Netzwerk entstehen neue Strukturen, die nach eigenen Regeln funktionieren und zu einer neuen Qualität der Zusammenarbeit führen. Diese Prozesse sind einer unmittelbaren Kontrolle weitestgehend entzogen.
- **Innovation** – Die etablierten Systeme werden schrittweise verändert und es entsteht etwas Neues.
- **Leitbild** – Das Leitbild dient der Identifikation der Akteure mit den Zielen des Netzwerks. Das Leitbild beschreibt mehr als die konkreten Ziele, es beschreibt eine Vision, die Vorstellung davon, wohin sich das Netzwerk strategisch entwickeln will. Idealerweise sollte es von allen Akteuren und Akteursebenen gemeinsam erarbeitet werden, damit sich alle gleichermaßen damit identifizieren können (vgl. Kap. 2).

Besonders in der Aufbauphase eines Netzwerks gibt die identitätsstiftende Orientierung eines akzeptierten Leitbilds den Aktivitäten nach innen und außen einen tragfähigen Handlungsrahmen und die Sicherheit, dass alle Beteiligten bezüglich ihrer Interessen, Bedürfnisse und Wünsche eine gemeinsame Plattform haben, die ihre Handlungslogik bestimmt. Das Leitbild hat demnach eine strategische Funktion, es sichert die Allianzen zur Steigerung der Verhaltenssicherheit und ermöglicht die Konkretisierung der konvergenten Zielsysteme innerhalb der Gesamtkonzeption. Die Entwicklung muss partnerschaftlich und vertrauensvoll erfolgen, sonst bleiben die Netzwerke in ihrer Struktur labil und in ihren Zielen beliebig.

1.1.1 Netzwerk und Kooperation – Versuch einer Abgrenzung

Häufig bleibt die Verwendung der Begriffe Netzwerkarbeit und Kooperation in der Fachliteratur unscharf, da die Grenzen fließend sind. Für das vorliegende Buch wird die folgende Netzwerkdefinition zu Grunde gelegt:

> „Als Netzwerk bezeichnet man in der Regel den losen Zusammenschluss von eigenständigen Akteuren mit unterschiedlichen, eigenständigen Interessen und mindestens einem gemeinsamen Ziel oder einer gemeinsamen Vision." ... Die Netzwerkarbeit hat dabei „die Aufgabe, Wissen und andere Ressourcen der verschiedenen Akteure zusammenzutragen, in einen neuen übergreifenden Kontext unterschiedlicher Problemwahrnehmungen und Interessen einzubringen (...) und über Sektorgrenzen hinweg neue Lösungsansätze zu entwickeln" (Brocke 2003: 14).

1 Definition und Grundlagen

Hier wird Kooperation als Voraussetzung bzw. Bestandteil von Netzwerkarbeit definiert. Dies erscheint insbesondere dann sinnvoll, wenn sie als Methode zur Umsetzung bestimmter Ziele oder politischer Beschlüsse betrachtet wird, die z.B. infrastrukturellen Veränderungen in Sozialräumen bzw. Lebenswelten dienen. Netzwerke haben somit häufig auch einen stark steuernden und infrastrukturverändernden Charakter (vgl. Groß/Holz/Boeckh 2005).

„Kooperation dagegen stellt eine auf einzelne Vorhaben bezogene, an der Problemlösung orientierte und damit zeitlich begrenzte informelle Zusammenarbeit zwischen zwei oder drei Akteuren dar. Im Grad der strukturellen Verdichtung liegt in diesem Verständnis die Abgrenzung zur Netzwerkarbeit, die die auf der Arbeitsebene häufig praktizierte Kooperation überwinden soll" (AWO-Bundesverband 2004).

Demnach geht die Netzwerkarbeit weit über das klassische Verständnis von Kooperation hinaus. Sie verlangt das Zusammenwirken möglichst aller relevanten Akteure, um ein gemeinsames Ziel zu erreichen, das nicht selten nachhaltige, infrastrukturelle Veränderungen mit sich bringt.

1.1.2 Prinzipien der Netzwerkarbeit

Bei der Netzwerkarbeit treffen viele Interessen und Meinungen aufeinander, die nicht immer konvergieren. Netzwerke mit vielen starken Partnern haben zudem das Problem, dass diese Partner neben dem Netzwerkziel, Partikularinteressen vertreten. Sie verfolgen somit einerseits eigene Zielsetzungen und vertreten andererseits das gemeinsame Interesse des Netzwerks. Das führt in großen Netzwerken nicht selten zu Konflikten, die jedoch erfahrungsgemäß durch eine professionelle Moderation bzw. professionelles Netzwerkmanagement aufgelöst werden können (vgl. Kap. 3).

Damit alle Netzwerkpartner vertrauensvoll miteinander arbeiten können, orientiert sich die Netzwerkarbeit daher an folgenden Merkmalen (in Anlehnung an Kraege 1997: 51):

1. Die Grundlage der Zusammenarbeit im Netzwerk bilden gemeinsame erarbeitete Ziele, die informell oder vertraglich festgehalten werden und mit denen sich alle Netzwerkmitglieder identifizieren können.
2. Flache Hierarchien und transparente Kommunikation zeichnen die Arbeit im Netzwerk aus.
3. Die Kontrolle über das gemeinsame Wirken wird über ein gemeinsames Gremium (wie z.B. eine Steuerungsgruppe) geregelt, sodass die Verantwortung dezentral verortet ist.

4. Netzwerkmanagement ist von ressortübergreifender Zusammenarbeit gekennzeichnet und kann zeitlich begrenzt oder unbefristet angelegt sein.
5. Die beteiligten Akteure bleiben autonom, sie sind auch im Netzwerk rechtlich und wirtschaftlich selbstständige Einheiten.
6. Die kontinuierliche Verständigung und Konsensbildung sind integrale Bestandteile der Netzwerkarbeit.
7. Zur professionellen Steuerung von Netzwerken werden Projektmanagementmethoden eingesetzt.
8. Sicherstellung einer zielgerichteten und ergebnisbezogenen Kommunikation z.B. mit Hilfe einer professionellen Moderation.
9. Die Bereitstellung zeitlicher, finanzieller und sozialer Ressourcen bilden die Grundlage jeder Netzwerkarbeit; ebenso wie das fachliche Know-how der Akteurinnen und Akteure, die die operative Arbeit übernehmen.
10. Der Aufbau des Netzwerks mit den entsprechenden Arbeitsgremien kann über den Erfolg des Netzwerks entscheiden.

Ein Netzwerk, das viele unterschiedliche Akteure vereint, die gemeinsam ein oder mehrere Ziele verfolgen, sollte auf solide aufgebauten Netzwerkstrukturen basieren und ein professionelles Netzwerkmanagement für die gemeinsame Arbeit initiieren.

Im Folgenden werden zunächst verschiedene Netzwerktypen unterschieden, bevor im Weiteren mögliche Aufbau- und Prozessstrukturen vorgeschlagen werden.

1.2 Netzwerktypen

Sich vernetzen, Teil einer Community zu sein, „Netzwerken" etc. – die sprachliche Vielfalt, die eine wie auch immer geartete Form des sozialen Kontakts beschreibt, ist immens. In unserem Alltag zeigen diese Formulierungen häufig die Zugehörigkeit zu einem virtuellen sozialen Netzwerk – mit (fast nur) einem „Klick" ist man Mitglied, gehört dazu. Das vorliegende Buch beschäftigt sich jedoch mit einem anderen Netzwerktyp. Daher zeigt das folgende Kapitel die grundsätzliche Charakterisierung von drei Netzwerktypen, bevor im Weiteren der Aufbau von Netzwerkstrukturen genauer beleuchtet wird.

Die Literatur unterscheidet die drei folgenden Hauptnetzwerktypen:

- Primäre Netzwerke
- Sekundäre Netzwerke
- Tertiäre Netzwerke

1 Definition und Grundlagen

Diese drei sehr unterschiedlichen Formen der Netzwerke lassen sich zwei übergeordneten Kategorien zuordnen; hier werden „natürliche" und „künstliche" Netzwerke unterschieden.

Natürliche Netzwerke – Soziale Ressourcen –				Künstliche Netzwerke – Professionelle Ressourcen –	
Primäre Netzwerke	Sekundäre Netzwerke – Private Akteure –		Tertiäre Netzwerke – Professionelle Ressourcen –	
nicht organisiert	gering organisiert	stark organisiert	gemeinnützig; Dritter Sektor	Märkte
affektive Primärbindungen	informelle kleine Netzwerke	formelle große Netzwerke	ressort- und raumbezogene Kooperation	marktbezogene Kooperation
z.B. Familie, Freundeskreis, Kollegen etc.	z.B. Nachbarschaftsnetze, Interessengruppen etc.	z.B. Vereine, Organisationen etc.	z.B. institutionelle Beziehungen in thematischen Handlungsfeldern	z.B. Produktionsnetzwerke, Händlerverbünde etc.

Abb. 2 Systematik der natürlichen und künstlichen Netzwerke, Quelle: Schubert 2005, in: Bauer u. Otto 2005: 80)

Zu den „natürlichen" Netzwerken zählen die primären persönlichen Beziehungen, die nicht organisiert sind und einen rein informellen Charakter aufweisen, wie z.B. die Familie, der Freundeskreis oder vertraute Kollegen. Diese Beziehungsgeflechte dienen in der Regel dem Austausch von Gefühlen, Aufbau von Vertrauen und der Aktivierung von Unterstützungsleistungen. Aber auch die sekundären Netzwerke werden der Kategorie der „natürlichen" Netzwerke zugeordnet, die sich wiederum in gering und stark organisierte Netzwerke unterscheidet. Zu den gering organisierten (informellen) sekundären Netzwerken zählen z.B. Nachbarschaftsnetze oder besondere Interessengruppen. Zu den eher stark organisierten (formellen) sekundären Netzwerken zählen z.B. (Sport-)Vereine und andere Organisationen.

Demgegenüber stehen die „künstlichen" Netzwerke, denen die sog. tertiären Netzwerke zugeordnet werden. Dazu zählt einerseits der „Dritte Sektor". Andererseits finden sich hier auch die Märkte wieder wie z.B. Händlerverbünde oder Produktionsnetzwerke.

Darüber hinaus unterscheiden sich Netzwerke u.a. durch die Art der Beziehungen der Akteure untereinander, die stärker oder schwächer ausgeprägt sein können.

Starke Beziehungen entstehen, wenn sich die Beteiligten sehr ähnlich sind, etwa den gleichen Status haben, die gleichen Werte vertreten oder über einen gleichen Bildungsstand verfügen. Netzwerke, die aus solchen Akteuren bestehen, werden als wenig effizient angesehen, weil es schwierig ist, neue Ideen zu entwickeln oder zuzulassen. Wenn „zu" ähnliche Voraussetzungen vorliegen, wird man zu gleichen oder ähnlichen Ergebnissen gelangen. Es besteht die Gefahr, dass sich „Seilschaften" bilden und Stillstand eintritt.

Problematisch sind auch Netzwerke mit sehr schwachen Beziehungen. Wenn keine oder zu wenige Anknüpfungspunkte vorhanden sind, ist die Kommunikation schwierig. Daher sollte der Informationsaustausch formalisiert und organisiert werden (vgl. Kap. 3). In Netzwerken mit schwachen Beziehungen sind Schlüsselpersonen erforderlich, die ein Auseinanderfallen durch aktives Eingreifen verhindern (vgl. Netzwerkmanagement).

Ideal ist deshalb in einem Netzwerk ein ausgewogenes Verhältnis zwischen starken und schwachen Beziehungen, damit die jeweiligen Vorteile genutzt und die Nachteile vermieden werden können. Optimal ergibt sich ein Gleichgewicht zwischen Vertrautem und Neuem, Ähnlichkeit und Verschiedenheit. Um die Eigenschaften von Beziehungen zu beschreiben, werden Kategorien gebildet:

- Die **Intensität** dokumentiert die Stärke der Bindung, die z.b. durch die Häufigkeit der Kontakte und eine offene Kommunikationskultur gemessen werden kann.
- Die **Reziprozität** bezieht sich auf die Symmetrie der Beziehungen. Sie gibt z.B. an, ob sie einseitig oder wechselseitig ist.
- Die **Multiplexität** beschreibt, ob die Beziehungen auf unterschiedliche Art und zu verschiedenen Zwecken genutzt werden.
- Mit der **Größe und Reichweite** wird die Anzahl der Akteure festgestellt und die Zusammensetzung des Beziehungsgefüges angegeben.

Welchen Herausforderungen man sich gegenüber sieht, wenn ein solches tertiäres Netzwerk im „Dritten Sektor" initiiert werden soll, wer mitmachen kann (und soll), und welche Strukturen dazu aufgebaut werden müssen, darüber geben die folgenden Kapitel Auskunft.

1.3 Aufbau von Netzwerkstrukturen

Da Netzwerke nicht klassisch hierarchisch organisiert sind und es häufig keine definierten Ebenen mit zugeordneten Aufgaben gibt, fehlt eine „natürliche" Steuereinheit. Deshalb muss ein Mechanismus gefunden werden, mit dessen Hilfe die Differenziertheit der Partner zur Erreichung des gemeinsamen Ziels nutzbar gemacht werden kann. Dazu bedarf es der innovationsfördernden Vermittlungsfähigkeit einer Prozessmoderation, wofür unterschiedliche (Steuerungs-)Modelle denkbar sind:

- Eine **Koordinationsstelle** stellt ein absolutes Minimalkonzept dar und ist daher vor allem für kleine Netzwerke und zeitlich befristete Aktionen geeignet. Die Autonomie der Partner bleibt weitestgehend erhalten, deshalb muss die Konsensfähigkeit nicht so ausgeprägt sein wie in großen, sehr komplexen Netzwerken. Die Vorteile eines Netzwerks können daher nur in geringem Maße genutzt werden.
- Eine **„Clearingstelle"** hat in einem Netzwerk eine herausgehobene, aber neutrale Stellung mit eigenem Auftrag. Sie kann Schieds- und Entscheidungsstelle sein. Diese Organisationsform führt auf Grund der Entscheidungshoheit der „Clearingstelle" zu einer deutlichen Machtasymmetrie. Ihre Vorteile liegen darin, dass sie wie eine Geschäftsstelle agieren kann, die auch Verwaltungsaufgaben erledigt und aus eigener Initiative heraus das Netzwerk in Bewegung halten kann. Allerdings besteht bei einer solchen Konstruktion die Gefahr, dass sich das Netzwerk abschottet und dadurch Kooperationschancen ungenutzt bleiben.
- Ein **„Runder Tisch"** ermöglicht einen gleichberechtigten und demokratischen Arbeits- und Diskussionsprozess. Starke und schwache Organisationen sind gleichgestellt und tragen gemeinsame Verantwortung. Die Struktur ist offen, neue Akteure sind vergleichsweise leicht integrierbar. Allerdings kommt es leicht zu „endlosen" Diskussionen. Dieses Steuerungsinstrument verursacht hohen Zeitaufwand und fordert von allen Beteiligten hohe Disziplin. Der „Runde Tisch" eignet sich daher eher für kleine, übersichtliche Netzwerke.

Bei dem Aufbau von großen, komplexen Netzwerken gibt es viele Arbeitsschritte und Strukturen, die sich – egal in welchem Kontext, sei es in der Jugendarbeit, der Gesundheitsförderung oder Erwachsenenbildung – immer wieder finden.

1.3.1 Netzwerkzyklus

Der Aufbau und die Initiierung eines Netzwerks folgen immer einem bestimmten Schema, das auch als **Netzwerkzyklus bezeichnet wird:**

Abb. 3 Netzwerkzyklus

- Wenn der *Beschluss* zur Netzwerkgründung vorliegt, folgt die intensive Vorbereitungs- und Initiierungs- bzw. Gründungsphase. In dieser Phase ist es notwendig, die Ist-Situation und die Stakeholder zu analysieren. Wenn dies erfolgt ist, müssen die möglichen Netzwerkpartner aktiviert und zur Mitarbeit motiviert werden.
- In der *Konsolidierungsphase* geht es um Rollen- und Aufgabenverteilungen. Dabei sind gute Moderationskenntnisse hilfreich, da diese Phase darüber entscheidet, ob es gelingt den Kooperationsgedanken in den Mittelpunkt zu stellen und die Partikularinteressen und Konkurrenzen zu Gunsten des gemeinsamen Ziels in den Hintergrund treten zu lassen.

1 Definition und Grundlagen

- Im Rahmen der *Umsetzungsphase* findet die Positionierung und strategische Entwicklung des Netzwerks statt. Hier gilt es durch sinnvolle gemeinsame Arbeitsanlässe zu Innovationen zu gelangen und sich entsprechend zu positionieren. Wichtig ist dabei, darauf zu achten, dass Arbeitstreffen nicht zu „Kaffeekränzchen" herabgewürdigt, sondern Teilerfolge gemeinsam anerkannt werden.
- In der *Abschlussphase* stehen die Überprüfung der Zielerreichung und ihre Bewertung im Mittelpunkt der Netzwerkarbeit. In dieser Phase werden die Weichen gestellt für die Zukunft des Netzwerks. Dabei werden Fragen diskutiert, ob die Netzwerkarbeit fortgeführt werden soll, eine Neuausrichtung notwendig ist oder weitere Partner für die Netzwerkarbeit gefunden werden müssen. Auf diese Fragen müssen in der Abschlussphase eindeutige Antworten gefunden werden.

Wenn viele Akteure gemeinsam ein Ziel verfolgen, ist es ratsam, entsprechend solide Strukturen für professionelles Arbeiten anzulegen. Aus den verschiedenen Netzwerkebenen und -aufgaben lässt sich das folgende Netzwerk-Ebenen-Modell für die Praxis ableiten (vgl. Groß, 2006), aus dem sich die verschiedenen Arbeitsstrukturen ergeben:

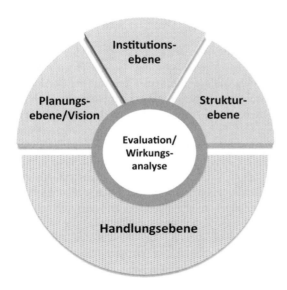

Abb. 4 Netzwerkebenen-Modell (in Anlehnung an Groß, 2006)

Der Aufbau eines Netzwerks folgt, wenn auch in unterschiedlichen Ausprägungen, immer bestimmten Gesetzmäßigkeiten. Die Grundlage bilden die unterschiedlichen Ebenen, aus denen sich neben den Arbeitsstrukturen, in einem zweiten Schritt auch die konkreten Handlungsschritte ableiten lassen. Im Folgenden wird daher der Versuch unternommen, eine optimale Grundlage für den Aufbau von Netzwerkstrukturen zu schaffen.

1.3.2 Planungsebene

Es gibt immer eine Planungsinstanz, einen Beschluss bzw. eine Entscheidung dafür, dass ein Netzwerk initiiert bzw. ein bestehendes Netzwerk um einen bestimmten Auftrag erweitert werden soll. Der Impuls dafür kommt häufig aus der Politik oder der Gesetzgebung, wenn z.b. ein Ratsbeschluss zur Förderung der Kinder- und Jugendgesundheit durch gezielte Präventionsketten in einer Kommune umgesetzt werden soll. Die Planungsebene wäre in diesem Fall die Kommunalpolitik, die dann einen entsprechenden Auftrag zur Ausarbeitung an die Verwaltung gibt. Ebenso ist es möglich, dass ein solcher Beschluss aufgrund einer konkreten Bedarfslage entsteht und die Akteure selbst beschließen, ein Netzwerk gründen zu wollen. In diesem Fall ist die Entscheidung dazu nicht „Top-down", sondern „Bottom-up" getroffen worden. Beide Varianten der Netzwerkentscheidung finden sich im Sozial- und Gesundheitswesen. Diese erste „Instanz" könnte daher auch als „Entscheidungsebene" bezeichnet werden.

1.3.3 Institutionsebene/Partner

Wenn der „Auftrag" zur Bildung eines Netzwerks erteilt ist, gilt es im zweiten Schritt, eine gründliche Stakeholder-Analyse durchzuführen und zu überlegen, welche (potenziellen) Partner und Akteure für eine Zusammenarbeit im Netzwerk angesprochen werden sollten. Dazu kann ein kleines interdisziplinäres Team zusammengerufen werden, dass die bestehenden Strukturen analysiert und die entsprechenden Stakeholder für das Netzwerk identifiziert (vgl. dazu Kap. 2). Dabei ist besonders wichtig, verschiedene Institutionen zu identifizieren, die in unserem Beispiel bereits einen Beitrag zur Kinder- und Jugendgesundheit leisten und darüber hinaus solche, die dies ebenfalls tun, aber bislang nicht explizit mit dem Ziel der Gesundheitsförderung, sondern mit einem anderen Auftrag z.B. im Bereich Jugendhilfe. Häufig ergeben sich hier Synergieeffekte für die verschiedenen Akteure, die erst unter einer gemeinsamen Frage- bzw. Aufgabenstellung zusammenkommen; die vorher zwar nebeneinander existierten, sich aber nicht unbedingt ausgetauscht haben. Neben den verschiedenen (Fach-)Ämtern der kommunalen Verwaltung, wie beispielsweise Gesundheits- und Jugendämter, gilt es darüber hinaus z.B. freie Träger der Jugendhilfe, Wohlfahrtsverbände, Kran-

1 Definition und Grundlagen

kenkassen, Kinder- und Jugendärzte sowie die Sportselbstverwaltung zu integrieren. Welche Institutionen letztlich durch eine systematische Stakeholderanalyse identifiziert werden, kann entscheidend sein für den nachhaltigen Erfolg eines Netzwerks.

1.3.4 Strukturebene

Wenn die Initiatoren die wesentlichen Partner identifiziert haben, müssen in einem weiteren Schritt gemeinsam die (Arbeits-)Strukturen für das Netzwerk geplant und zielgerichtet initiiert werden. Bei der Schaffung dieser Strukturen sollte darauf geachtet werden, dass die Prinzipien der Transparenz und Partizipation über alle Ebenen hinweg eingehalten werden können. Darüber hinaus sollte auch zu diesem Zeitpunkt schon darüber nachgedacht werden, wie die Strukturen evaluiert werden und die Ergebnisse zur Qualitätssicherung der Netzwerkarbeit beitragen können.

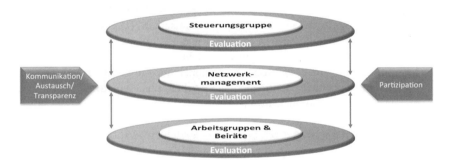

Abb. 5 Arbeitsebenen in Netzwerkstrukturen

Es lassen sich zwei zentrale Arbeitsgremien definieren, die sich in fast allen Netzwerken wieder finden, welche aus mehr als zehn Netzwerkpartnern bestehen: Die **Steuerungsgruppe** als zentrale Entscheidungsinstanz und das **Netzwerkmanagement**, das alle Ebenen und Maßnahmen koordiniert. Dies bestätigen auch die Ergebnisse der Evaluation der „Aktionsbündnisse für gesunde Lebenswelten" in Rahmen der bundesweiten Kampagne „InForm" des Bundesministeriums für Gesundheit und des Bundesministeriums für Ernährung, Landwirtschaft und Verbraucherschutz:

> „In nahezu allen Aktionsbündnissen lassen sich Kerngruppen definieren, die aus dem Projektmanagement und Kernakteuren bzw. -akteurinnen bestehen, und wie-

derum in ihrer Größe zwischen 3-20 Personen bzw. Einrichtungen variieren. In den Aktionsbündnissen mit mehr als 10 Partnerinnen und Partnern wurden Steuergremien eingerichtet bzw. es findet ein regelmäßiger Austausch im Rahmen von lokalen Steuerkreisen statt" (Kolip et al., 2011: 11).

- **Steuerungsgruppe als gemeinsame Arbeitsebene**
Als erstes sollte eine entscheidungsfähige Steuerungsgruppe einberufen werden, in der sowohl die Planungs- als auch die Institutionsebene vertreten sind. In der Steuerungsgruppe sollten sich somit Vertreter aller relevanten Institutionen und andere wichtige Akteure wiederfinden, die Entscheidungsbefugnis haben. Nach Böhm, Janßen und Legewie (1999: 41) bildet die Steuerungsgruppe den Kern der Organisationsstruktur in einem Netzwerk. Später sollten in dieses Gremium auch Vertreter aus den anderen Arbeitskreisen eingeladen werden, um den Informationsfluss und die Transparenz in alle Richtungen gewährleisten zu können. Die Steuerungsgruppe ist für die Beschlüsse z.B. bei Teilprojekten oder einzelnen Maßnahmen zuständig und damit die verantwortliche Instanz für die konkrete Netzwerkarbeit. Damit liegt hier auch die Verantwortung für das fachliche und ökonomische Netzwerkcontrolling, das jedoch häufig auch als Auftrag an wissenschaftliche Einrichtungen vergeben wird. Sobald die Steuerungsgruppe eingerichtet ist, wird das Netzwerk handlungsfähig. Um jedoch die Ideen und Visionen auch umsetzen zu können, ist es sinnvoll, so schnell wie möglich, eine Arbeitsebene einzurichten, die das Netzwerkmanagement übernimmt.

- **Netzwerkmanagement**
Um die weiteren notwendigen Schritte zielgerichtet vorantreiben zu können, sollte die Steuerungsgruppe ein kompetentes (Kern-)Team zusammenstellen - bestehend aus max. fünf bis sechs Personen (je nach Größe des Netzwerks), das die zentralen Arbeitsschritte vorbereitet, die Koordination übernimmt und die weiteren Schritte zielgerichtet forciert. Hier werden „Netzwerkmanager" benötigt, die einerseits innovativ vordenken und andererseits moderieren und motivieren können. Darüber hinaus sollten sie fachkompetent sein und sich in die unterschiedlichen Inhalte einarbeiten können, um authentisch auftreten zu können und von den verschiedenen Partnern gleichermaßen akzeptiert zu werden. Sie sind für den Informationsfluss in alle Richtungen zuständig und haben ebenfalls die Aufgabe, die aktive und zielgerichtete Beteiligung der Betroffenen sicherzustellen. Ein Großteil der Verantwortung für die konkrete Umsetzung der Projekte und Maßnahmen liegt somit beim Netzwerkmanagement (vgl. Kap. 3).

Neben dem Netzwerkmanagement sollten jedoch weitere Strukturen für die gemeinsame Arbeit geschaffen werden, damit möglichst alle Netzwerkmitglieder die Chance haben, einen aktiven Beitrag innerhalb des Netzwerks zu leisten. Die Interaktion und den Austausch zwischen diesen Gremien sicherzustellen, gehört u.a. zu den Aufgaben des Netzwerkmanagements.

- **Themen- bzw. Fachbezogene Arbeitsgruppen**
  Um handlungsfähig zu sein und möglichst viele verschiedene Fachkompetenzen zusammenführen zu können, ist es sinnvoll – je nach Größe und Ziel des Netzwerks – einen oder mehrere Arbeitskreise einzurichten, die rein fachlich bzw. themenbezogen arbeiten. In diesen Arbeitsgremien können maßnahmenbezogene Vorschläge erarbeitet werden, die der Steuerungsgruppe zur Umsetzung empfohlen werden. Die Steuerungsgruppe kann dann auf der Grundlage der fachlichen Vorarbeit, die nötigen Entscheidungen beschließen. Diese unterschiedlichen Arbeitsgremien werden vom Netzwerkmanagement koordiniert.

- **Wissenschaftlicher und/oder wirtschaftlicher Netzwerkbeirat**
  Bei großen Netzwerken, die darauf angelegt sind, Strukturen nachhaltig zu verändern, bietet es sich an, einen oder mehrere Beiräte einzurichten, die einerseits für die wissenschaftliche Akzeptanz der geleisteten Arbeit und andererseits für nachhaltige Strukturen sorgen können. In solche Strukturen sollten sowohl Wissenschaftler als auch finanzkräftige Stakeholder aufgenommen werden. In kleinen Netzwerken ist es auch möglich, diese in die Steuerungsgruppe zu integrieren. Allerdings ist dabei zu bedenken, dass die Steuerungsgruppe handlungs- und entscheidungsfähig bleiben muss daher nicht zu groß werden darf.

Netzwerke in der sozialen Arbeit sind nicht alle gleich systematisch aufgebaut, häufig sind sie nicht in streng hierarchisierten, sondern in so genannten dynamischen Beziehungen organisiert. Hierbei bleibt der Kreis der Akteure relativ offen und kann sich u.U. laufend ändern. Grundsätzlich sind die meisten Netzwerke offen für neue Mitglieder. Je geringer jedoch das professionelle Management eines Netzwerks ausfällt, desto größer ist auch die Wahrscheinlichkeit für häufig wechselnde Netzwerkmitglieder. In manchen Netzwerken wird auch mit dem so genannten „Gaststatus" gearbeitet. Hierbei können Nicht-Mitglieder eingeladen werden, um entweder gezielt etwas zu einem Fachinput beizutragen oder Mitglieder anderer Netzwerke in der Kommune, um Arbeitsstrukturen und Themen in verschiedene Richtungen transparent zu machen. Darüber hinaus kann der Gaststatus auch die Funktion haben, interessierte Stakeholder einzuladen, die vielleicht ein Interesse haben als Mitglied im Netzwerk teilzunehmen, sich aber nicht sofort verpflichten möchten.

Beispiel

Die Struktur bzw. der Aufbau eines Netzwerks aus der sozialen Arbeit wird in folgendem Praxisbeispiel des Netzwerks „Früher Hilfen" (NeFF-Netzwerk) in Dormagen veranschaulicht:

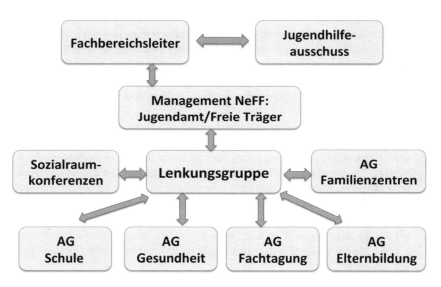

Abb. 6 Aufbauorganisation Präventionsnetzwerk in Dormagen (Sandvoss 2009), (Quelle: Schubert, Spieckermann, 2009: 46).

Die Abbildung der Netzwerkstrukturen des NeFF-Netzwerks in Dormagen zeigt, dass neben der zentralen Koordinationsfunktion bzw. dem Netzwerkmanagement des Jugendamtes (hier als „Management NeFF" bezeichnet), die Lenkungsgruppe (auch Steuerungsgruppe genannt) im Mittelpunkt steht, die auch fachbereichs- und sozialraumübergreifende Vernetzungsfunktionen übernimmt. Darüber hinaus werden hier die verschiedenen Arbeitsgremien zu unterschiedlichen Inhalten sichtbar wie beispielsweise die AG Elternbildung.

„Die Schnittstelle zu der normativen Ebene der Politik wird durch die Berichterstattung des Netzwerkkoordinators und des Fachbereichsleiters im Jugendhilfeausschuss gewährleistet. Im Unterschied zu dem dargestellten Grundmuster wird die Schnittstelle in die Sozialräume nicht durch die Netzwerkkoordinationsagentur, sondern direkt durch die Lenkungsgruppe geleistet. ... In größeren Kommunen wie der Stadt Dormagen oder der Stadt Mönchengladbach ist die Installation von Lenkungs- oder Koordinationsgruppen wichtiger, um Kommunikationswege festzulegen und die Beteiligung aller Akteure sicherzustellen." (ebd: 45)

1.3.5 Handlungsebene

Die Handlungsebene kann in verschiedene Dimensionen unterteilt werden. Diese Dimensionen, die auch für die Evaluation und Wirkungsanalyse von großer Bedeutung sind, unterteilen sich in unterschiedliche Interventionen und Zielgruppen:

- direkt Betroffene
- indirekt Betroffene.

Dies bedeutet z.B. im Bereich der Gesundheitsförderung, dass Maßnahmen für Kinder und Jugendliche in Sozialraumgebieten mit besonderem Förderbedarf umgesetzt werden oder Interventionen für bestimmte Altersgruppen wie 3- bis 6-Jährige. Unter „indirekt Betroffenen" können die Multiplikatoren zusammengefasst werden, die mit der Zielgruppe arbeiten oder ihre Bezugspersonen sind wie etwa Tagesmütter und -väter, Erzieher, Lehrkräfte, Schulsozialarbeiter etc.

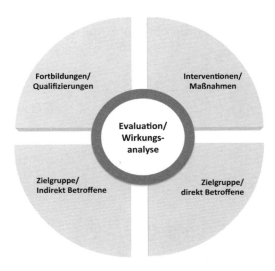

Abb. 7 Handlungsdimensionen in Netzwerkstrukturen

Weitere Dimensionen bilden die verschiedenen Handlungsansätze wie z.B. die konkrete Umsetzung von Maßnahmen oder Interventionen, die für spezielle Zielgruppen angeboten bzw. durchgeführt werden, wie etwa die Einführung eines regelmäßigen gesunden Frühstücks in der Kita oder einer routinemäßigen Bewegungspause in der Schule während des Unterrichts.

Daneben findet sich insbesondere im Bereich der Gesundheitsförderung der Ansatz, Multiplikatoren, die mit der Zielgruppe arbeiten, in einem Setting zu qualifizieren, um Maßnahmen möglichst nachhaltig zu implementieren.

1.3.6 Netzwerkevaluation

Nachdem die wesentlichen operativen Arbeitsstrukturen und die Ebenen des Netzwerkaufbaus benannt sind, fehlt noch die Klammer um die verschiedenen Ebenen und Dimensionen der Netzwerkarbeit. Eine solche Klammer bildet die Netzwerkevaluation, die einerseits als begleitende, qualitätssichernde bzw. beratende Instanz dient und andererseits Effekte auf einzelne und Strukturen sowie die Effizienz des Netzwerks überprüfen soll: Die Netzwerkevaluation, die im Optimalfall alle Ebenen und Arbeitsstrukturen umfasst und dabei sowohl den „Output" (prozessorientierte Erkenntnisse oder Produkte) als auch den „Outcome" (Ergebnisse bzw. Ergebnisqualität) erfassen sollte. Die Evaluation dient dabei keinem Selbstzweck, „sondern verfolgt ein konkretes Ziel, die Erkenntnisse als Entscheidungshilfen in Steuerungsgremien beispielsweise in den politischen oder Verwaltungssektor hineinzutragen" (Spieckermann, in: Bauer/Otto, 2005 Band 2: 183).

1 Definition und Grundlagen

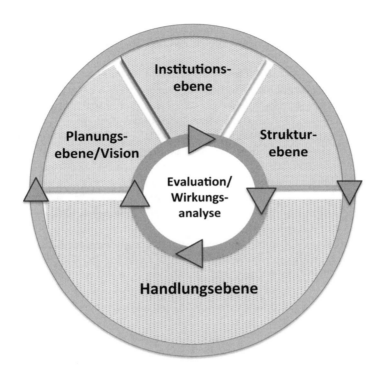

Abb. 8 Evaluationsprozess über alle Netzwerkebenen

Die Evaluation sollte beim Netzwerkaufbau und der Netzwerkarbeit begleitend stattfinden, damit sie einen aktiven Beitrag zur Qualitätssicherung leisten und einen kontinuierlichen Verbesserungsprozess (KVP) auf allen Ebenen aktiv unterstützen kann. Dabei sollte die Evaluation die verschiedenen Qualitätsdimensionen erfassen:

- Planungs-,
- Konzept-,
- Struktur-,
- Prozess-,
- Kommunikations- und
- Ergebnisqualität (vgl. Kap. 5).

> **Wesentliche Eigenschaften von Netzwerken im Überblick:**
>
> - Kooperation mehrerer Organisationen bzw. Akteure
> - Informelle Handlungsstruktur zwischen den Netzwerkpartnern
> - Gewollt lose und vor allem eigenständige Organisationsform
> - Verbindliche Vereinbarungen von Zielen und Aufgaben
> - Polyzentrische Entscheidungsebenen
> - Flache Hierarchien mit hoher Kommunikationsdichte
> - Flexibles und rasches Anpassungsvermögen an neue Situationen und Herausforderungen
> - Dynamisches, projektbezogenes und teamorientiertes Arbeitshandeln
> - Abhängigkeit der Entscheidungen von Beziehungskonstellationen zwischen den beteiligten Partnern
> - Ausrichtung auf einen längeren Zeitraum der gemeinsamen Arbeit
> - Vorsicht: Falsche Erwartung der Akteure an die Netzwerkarbeit

Die Gründung eines Netzwerks erscheint häufig als geeignetes Mittel zur Lösung sozialer Probleme.

> „Vernetzung und Kooperation gelten aus dieser Perspektive als Erfolgsfaktoren, um einerseits sowohl die Effizienz als auch die Effektivität zu verbessern und um andererseits Handlungsketten wieder als Zusammenhang zu begreifen" (Schubert, 2008: 20).

Eine Vielzahl entstandener Netzwerke der letzten Jahre im Bereich Sozialraum- bzw. Quartiersmanagement und nicht zuletzt das aktuelle Modellvorhaben „Kommunale Präventionsketten", das die Landesregierung NRW im November 2011 initiiert hat, legen Zeugnis davon ab, dass diese Formen der Vernetzung benötigt werden, damit wieder eine ganzheitliche Versorgung sichergestellt werden kann und niemand im System verloren geht.

> „Die Erkenntnis, dass Vorsorge besser als Nachsorge ist, hat sich mittlerweile in zahlreichen Politikfeldern durchgesetzt. Durch eine frühzeitige, vorbeugende Unterstützung sollen das Wohlergehen und die Lebensperspektive von Kindern und Jugendlichen stabilisiert und wo nötig verbessert werden. Zugleich sollen Folgekosten reduziert werden, die den Kommunen und dem Land durch Unterstützungsmaßnahmen unzureichend qualifizierter oder integrierter Jugendlicher in späteren Jahren entstehen würden. Mit der Studie ‚Bilanzierung der sozialen Folgekosten in

Nordrhein-Westfalen' wurde der Nachweis erbracht, dass dieser Ansatz auch wirtschaftlich sinnvoll ist" (s. LVR inform 02/2011).

1.4 Entstehung und Mehrwert von Netzwerken

Die Motive für die Entstehung von Netzwerken lassen sich am einfachsten ökonomisch begründen. Für keinen der beteiligten Akteure bestünde ein Interesse oder gar eine Notwendigkeit, in ein Netzwerk zu investieren, wenn ihm alle benötigten Informationen vorlägen – und wenn diese erkennbar richtig und vollständig wären. Im Arbeitsalltag bestehen jedoch offensichtlich diesbezüglich Ineffizienzen, die durch eine Beteiligung an einem Netzwerk, das Synergieeffekte generiert, vermieden oder ausgeglichen werden können und womöglich zu Kosteneinsparungen führt. Allerdings ist eine Quantifizierung in der Regel weder absolut noch relativ zweifelsfrei möglich.

Die Netzwerke in der sozialen Arbeit sollen außerdem einen Beitrag dazu leisten, Ressortdenken zu überwinden und die häufig fehlende Transparenz der zergliederten Dienstleistungsabläufe – im Sinne der „Kundenfreundlichkeit" – wieder herzustellen. Darüber hinaus können über professionelle Netzwerke Doppelstrukturen abgebaut und gemeinsame Schnittstellen definiert und entsprechend bearbeitet werden, sodass Wiederholungen in den Handlungsansätzen vermieden werden können. So bietet beispielsweise die sozialräumliche, trägerübergreifende und somit häufig multiprofessionelle Zusammenarbeit im Case Management neue Lösungsmöglichkeiten bei komplexen Lebenssituation und Problemlagen. „Die beteiligten Akteure ziehen daraus den Vorteil, ihre Ressourcen zu bündeln, ihre Kapazitäten zu verknüpfen und ihr Leistungsspektrum erweitern zu können" (Schubert, 2008: 10).

In der Netzwerkarbeit wird ressortübergreifend gearbeitet, d.h. unterschiedliche Professionen werden zusammengebracht, um zu verbesserten und effizienteren Problemlösungen zu gelangen. Der direkte interdisziplinäre Kontakt und die damit einhergehende verbesserte Transparenz über vorhandene Angebotsstrukturen führen zu verkürzten Wegen. Ressourcen können so besser ausgelastet und finanzielle Mittel effizienter eingesetzt werden.

> „Die zu erwartenden Wirkungen variieren dabei je nach Akteursperspektive. So wird beispielsweise im Weiterbildungsbereich aus bildungspolitischer Sicht – durch Förderprogramme transportiert – von der trägerübergreifenden Zusammenarbeit ein Nutzen für das gesamte Bildungssystem erwartet, wie u.a. die Erhöhung der Weiterbildungsbeteiligung oder die verbesserte Durchlässigkeit zwischen den einzelnen Bildungssektoren" (vgl. Feld 2011: 79).

Für die Netzwerkakteure bedeutet diese Art der Arbeit in Netzwerken in der Regel einen intensiven Know-how-Austausch. Darüber hinaus wird auf diese Weise bei den beteiligten Partnern ein ressortübergreifender Wissenszuwachs generiert. Becker et al. (2007: 5) haben diese besonderen Effekte von Netzwerkkooperationen wie folgt zusammengefasst:

- Im Rahmen der Kooperation lässt sich das Erreichen der eigenen Ziele erfolgreicher umsetzen.
- Die eigenen Innovationsprozesse lassen sich durch erfahrene Partner wirkungsvoll unterstützen.
- Es gelingt ein effizienter (d.h. Kosten sparender) Zugang zu Kompetenzen und Ressourcen, die in der eigenen Organisation nicht vorhanden sind, für den Erfolg aber gebraucht werden.
- Es findet ein Transfer bereichernder Ideen und Anregungen aus anderen Organisationen statt.
- Es können Leistungen erbracht werden, zu der kein Partner allein aus eigener Kraft imstande ist.

Häufig gibt es klare Ansprüche und Forderungen von Politik und Gesetzgeber wie in den folgenden Beispielen:

- Die Zusammenarbeit der Öffentlichen Jugendhilfe mit der freien Jugendhilfe, welche in § 4 SGB VIII geregelt ist.
- Die Agentur für Arbeit soll laut § 18 SGB II darauf hinwirken, bei Leistungen zur Eingliederung mit Beteiligten des örtlichen Arbeitsmarktes (Gemeinden, Träger der freien Wohlfahrtspflege, Kammern etc.) zusammenzuarbeiten.
- Die in § 24 ÖGDG NRW (Gesetz über den öffentlichen Gesundheitsdienst des Landes Nordrhein-Westfalen) geregelte Zusammenarbeit von Verantwortlichen der gesundheitlichen Versorgung und Gesundheitsförderung sowie der Selbsthilfegruppen auf kommunaler Ebene mit dem Ziel, Maßnahmen zur Verbesserung der gesundheitlichen Versorgung der Bevölkerung zu entwickeln und gemeinsam umzusetzen.
- Vorsicht: Falsche Erwartung der Akteure an die Netzwerkarbeit

1 Definition und Grundlagen

Die Partikularinteressen, d.h. die eigenen Ziele und der Mehrwert, die sich für die einzelnen Netzwerkpartner aus der gemeinsamen Arbeit ergeben, können für die einzelnen Akteure dabei über dem politischen Anspruch und dem Nutzen für die Allgemeinheit stehen (vgl. Feld, 2011: 82 ff.).

„Trägerübergreifend und größenunabhängig zeigt sich, dass Weiterbildungseinrichtungen durch ihre Netzwerk-beziehungen sowie durch die eigene Netzwerktätigkeit neue Handlungsressourcen generieren bzw. vorhandene verbessern wollen" (ebd.).

Ziele und der erwartete Nutzen von Netzwerkarbeit variieren im Einzelnen sehr stark. Gemein haben fast alle Netzwerkaufträge, dass Doppelstrukturen abgebaut und Ressourcen – im Hinblick auf eine bessere Versorgung der Bürgerinnen und Bürger – besser genutzt werden sollen. Dabei stehen nicht zuletzt eine verbesserte Transparenz und die Qualitätssicherung der Angebotsstrukturen im Mittelpunkt.

Wesentliche Ziele von Netzwerken im Überblick:

- Effizienter Einsatz von Ressourcen
- Steigerung der Effektivität von gemeinsamen Projekten und Maßnahmen
- Schließung von Versorgungslücken durch Synergie-Effekte
- Entwicklung von innovativen Produkten bzw. Dienstleistungen
- Wahrnehmung gemeinsamer Interessen gegenüber Dritten
- Gemeinsame Qualitätssicherung, Professionalisierung und Weiterbildung
- Öffentlichkeitsarbeit/verbesserte Außendarstellung etc.
- Verbesserte Transparenz über Angebote und Maßnahmen

▶ **Merke** An vielen Stellen kann ein Netzwerk dazu dienen, Ressourcen gezielter einzusetzen, es wird jedoch keine Ressourcenlücken füllen können. Netzwerkarbeit bedarf finanzieller, zeitlicher und personeller Ressourcen und ist mit intensiver Arbeit verbunden. Das bedeutet, bevor man von einem gut funktionierenden Netzwerk profitieren kann, muss zunächst investiert werden. Vor allem wird Zeit für Planung, Vorbereitung und Netzwerkaufbau benötigt. Netzwerkarbeit dient nicht als Selbstzweck, sondern als Strategie zur Lösung eines Problems.

1.5 Erfolgsfaktoren der Netzwerkarbeit

Es gibt eine Reihe von unterschiedlichen Erfolgsfaktoren, die für die Netzwerkarbeit definiert werden. Endres (2001; 2011) stellt folgende Kriterien im erfolgreicher Netzwerkarbeit zusammen, die sich entscheidend auf die Evaluation auswirken (vgl. Kap.5):

1. *Gemeinsame Ziele und Visionen:* Im Rahmen der Evaluation von Netzwerken sollte dieser Aspekt im Rahmen der Planungsqualität berücksichtigt werden, da die Zielformulierung essenzieller Bestandteil zu Beginn der Initiierung eines Netzwerks ist.
2. *Bereitschaft und Fähigkeit zum Perspektivwechsel:* Dieser Aspekt kann in erster Linie durch begleitende Beobachtung und ggf. dokumentierte Meinungsfindungsprozesse, im Rahmen der Prozessqualität, erhoben werden.
3. *Bereitschaft zur Innovation (auf Neues einlassen):* Die aktive Mitarbeit innerhalb eines Netzwerks und das Einbringen von Ideen und Ressourcen kann als Ausdruck gewertet werden, sich auf etwas Neues einzulassen.
4. *Gegenseitiges Vertrauen:* Endres betont, dass mit diesem Punkt nicht der Aufbau intensiver persönlicher Beziehungen gemeint sei, sondern „*die Verlässlichkeit, dass eigene Vorleistungen durch die andere Seiten nicht ausgenutzt werden*" (2011, 3). Dieser Aspekt lässt sich kaum objektiv messen, sondern ist stark von der subjektiven Einschätzung der Netzwerkpartner abhängig (Akteursbefragung vgl. Kap 5).
5. *Gewinner-Prinzip:* Es sollte darauf geachtet werden, dass es nur Gewinner gibt. Die erfolgreiche Herstellung von so genannten win-win-Situationen kann als zentraler Erfolgsfaktor betrachtet werden, der ebenfalls nur schwer objektivierbar ist.
6. *Regelmäßige Kontaktpflege/Kommunikation (intern):* Mit Blick auf die relationalen Merkmale eines Netzwerks sind die regelmäßige Kontaktpflege einerseits sowie transparente Kommunikationswege- und Strukturen andererseits notwendige Aspekte, um Beziehungen aufzubauen, die von Verlässlichkeit geprägt sind. Dazu zählt auch die Regelmäßigkeit der Arbeitstreffen, die sich zum Beispiel über die Terminierung von Arbeitsgruppen- bzw. Netzwerktreffen erfassen lässt.
7. *Gemeinsame Kommunikation (extern):* Ebenfalls von zentraler Bedeutung für erfolgreiche Netzwerkarbeit ist die gelungene externe Kommunikation. Dies gilt sowohl für Kommunikation nach außen, also die Öffentlichkeitsarbeit, die mittels verschiedener objektiver Kriterien bewertet werden kann. Dazu zählen nicht nur Anzahl und Häufigkeit von Pressemitteilungen, son-

dern auch die inhaltsanalytische Betrachtung, etwa wie viele der gewünschten Inhalte seitens der Presse aufgegriffen und entsprechend dargestellt wurden.

2 Initiierung von Netzwerken

Die Initiierung eines „tertiären" Netzwerks gestaltet sich in der Regel deutlich schwieriger als ein primäres oder sekundäres Netzwerk, sei es im realen oder im virtuellen Leben. Das liegt nicht nur daran, dass dabei nicht mit einem „Klick" alles getan ist, sondern daran, dass solche Netzwerke allen Mechanismen sozialer, sehr komplexer Beziehungen unterworfen sind. Insbesondere, wenn das Netzwerk groß ist und viele gleich starke Partner beteiligt sind, kann es schwer sein, tragfähige und belastbare Netzwerkstrukturen aufzubauen. Welche Hindernisse und Erfolgsfaktoren es gibt, ist das Thema des folgenden Kapitels.

Eine gemeinsame Fragestellung ist bei Netzwerken im beruflichen, institutionellen Kontext häufig der Auslöser dafür, mit anderen in den Austausch zu treten und die Kooperation zu suchen. Die gemeinsame Fragestellung kann etwa Teil eines politischen Auftrags sein.

Beispiel: Kommunale Gesundheitskonferenz (KGK)

In Nordrhein-Westfalen sind 1997 per Gesetz für den Öffentlichen Gesundheitsdienst[1] die Kommunalen Gesundheitskonferenzen eingeführt und ihre Mitglieder durch eine Ausführungsverordnung[2] zunächst verbindlich benannt worden. Das bedeutet, das Netzwerk „Kommunale Gesundheitskonferenz" wurde durch den Gesetzgeber verordnet und die relevanten Akteure in gleicher Weise benannt. Die darauf folgende Konstituierung hatte zwar in den zum damaligen Zeitpunkt 54 Kreisen und kreisfreien Städten Nordrhein-Westfalens funktioniert, das Netzwerk allerdings tatsächlich mit Leben zu füllen, war nicht in allen Kommunen gleichermaßen erfolgreich. Dies hängt maßgeblich vom Engagement einzelner Akteure vor Ort ab.

Eine gemeinsame Fragestellung kann sich jedoch z.B. aufgrund von Studienergebnissen ergeben, etwa, wenn es um die gesundheitliche Beeinträchtigung von Kindern in sozial benachteiligten Stadtvierteln geht.

Was bei der Einführung der Kommunalen Gesundheitskonferenzen in NRW vom Gesetzgeber übernommen worden ist, ist sowohl der erste Schritt – die Er-

---

1 Die Gesetzgebung ist unter Berücksichtigung des Projekts zur Ortsnahen Koordinierung der gesundheitlichen und sozialen Versorgung (1995-1998) erfolgt (Ministerium für Frauen, Jugend, Familie und Gesundheit des Landes Nordrhein-Westfalen 2000).
2 AV-ÖGDG vom 20.08.1999, galt bis 30.11.2006

teilung eines Auftrags zur Netzwerkgründung (vgl. Netzwerkzyklus), als auch der zweite Schritt – die Identifikation relevanter Stakeholder.

Stakeholder sind im Sinne des Qualitätsmanagements zum einen alle an einem Projekt beteiligten Personen und zum anderen solche, die von dem Netzwerk mittelbar und unmittelbar betroffen sind, ohne aktives Mitglied im Netzwerk zu sein. Auch Stakeholder außerhalb eines Netzwerks sind von großer Bedeutung und können einen wesentlichen Beitrag zur Akzeptanz des Netzwerks leisten. Sie sind dabei jedoch „neutrale" Außenstehende, da sie nicht Teil des Netzwerks sind. Der Begriff Stakeholder bezeichnet netzwerkintern und -extern sowohl Anspruchs- als auch verschiedene Interessensgruppen. Diese können in folgende Kategorien eingeteilt werden (vgl. Schubert, 2008: 64):
- Zielgruppen bzw. Adressaten
- (Interne) Mitarbeiter, Führungs- bzw. Leitungskräfte und Ehrenamtliche
- (Externe) Personen aus der gesellschaftlichen und/oder politischen Umwelt
- Spezifische Bereitsteller von Ressourcen, Mittelgeber und Kooperationspartner

Nur selten werden interne und externe Stakeholder wie im Beispiel der Kommunalen Gesundheitskonferenzen benannt. Daher ist der Schritt, diese zu analysieren und zu identifizieren von großer Bedeutung für den Erfolg der Netzwerkarbeit und sollte entsprechend systematisch – in Form einer sog. Stakeholderanalyse – angegangen werden.

2.1 Stakeholderanalyse oder wer sind relevante Akteurinnen und Akteure?

Unabhängig davon, ob der Netzwerkauftrag oder eine gemeinsame Aufgabenstellung durch Befunde einer Untersuchung, einen allgemeinen politischen Auftrag oder ein konkretes Projekt entsteht, ist die erste Aufgabe, relevante Akteure zu identifizieren und diese für eine Mitarbeit zu gewinnen. Dazu gilt es, eine Reihe von Fragen zu beantworten:

- Um welchen Sozialraum, z.B. Region, Kommune oder Stadtviertel handelt es sich?
- Wer spielt welche Rolle in diesem Sozialraum, z.B. Wohlfahrtsverbände und freie Träger der Jugendhilfe, Krankenkassen, Einrichtungen der ambulanten und stationären medizinischen Versorgung?

- Gibt es mehrere Akteure, die die gleichen oder ähnliche Aufgaben übernehmen, z.b. Jugendeinrichtungen, Beratungsstellen, Schulsozialarbeit etc.?
- Wer ist als relevanter Akteur unabdingbar notwendig, z.b. die Beratungsstelle für Familien mit Zuwanderungsgeschichte, kommunale Integrationszentren, Gleichstellungsbeauftragte der Kommune?
- Wer sind direkt und indirekt Betroffene, z.b. Familien mit Zuwanderungsgeschichte, Alleinerziehende, Erwerbslose, Erzieherinnen und Erzieher, Lehrkräfte etc.?

Die Beantwortung dieser Fragen führt im Allgemeinen zu einer langen Liste möglicher Netzwerkpartner. Es liegt auf der Hand, dass nicht alle, die als potenziell relevant identifiziert worden sind, auch tatsächlich als Mitglieder im Netzwerk aufgenommen werden (können). Deshalb ist es notwendig, zu priorisieren und Vereinbarungen zu treffen, wer als Mitglied in das Netzwerk aufgenommen werden soll und wie darüber hinaus mit anderen wichtigen Akteuren als strategischen Partnern auf unterschiedlichen Ebenen kooperiert werden kann.

Das zentrale Problem ist einerseits, nach welchen Kriterien Institutionen bzw. Personen ausgewählt und andererseits, die nicht mitmachen zur Mitarbeit im Netzwerk bewegt werden. Verantwortungs- und Entscheidungskompetenz konkurrieren häufig mit der Fachkompetenz. Es müssen Prioritäten gesetzt werden, welche Kompetenz wo benötigt wird.

Niemand sollte von vorneherein ausgeschlossen werden. Allerdings muss die Arbeitsfähigkeit eines Netzwerks gewährleistet sein, da ein Netzwerk auch zu groß werden kann und damit träge (in Entscheidungsprozessen). Aus diesem Grund empfiehlt es sich, auf in Projekten übliche (Arbeits-) Strukturen und Gremien zurückzugreifen, wie sie auch in Kapitel 1 kurz skizziert wurden. Dabei soll das Netzwerkmanagement über größtmögliche Neutralität verfügen. Ein erster Schritt für das Netzwerkmanagement besteht darin, sich Kenntnis darüber zu verschaffen, welche Strukturen in dem Sozialraum oder der Kommune/Region bereits vorhanden sind, um Redundanzen und Doppelstrukturen zu vermeiden.

Beispiel:

Kindergesundheit – geht es beispielsweise um Kindergesundheit, so gibt es vielerorts Arbeitskreise, die sich – entweder als Teil einer Kommunalen Gesundheitskonferenz, eines Runden Tisches für Gesundheit oder ähnlicher Strukturen – bereits mit der Thematik befassen.

2 Initiierung von Netzwerken

Um den Aufbau von Doppelstrukturen zu verhindern, ist es essentiell, dass das Netzwerkmanagement die Interessen der bestehenden Strukturen auslotet, um Kooperationsmöglichkeiten zu prüfen und gegebenenfalls eine Erweiterung der vorhandenen Struktur anzustreben. Neben der Identifikation relevanter Institutionen und Akteure gilt es vor allem, bereits existierende Strukturen ausfindig zu machen und gemeinsam realistische Erwartungen zu entwickeln.

Grundsätzlich gibt es kein Patentrezept, keine Garantie, wie alle relevanten Akteure gefunden werden können. Allerdings sollte bei der Stakeholderanalyse systematisch vorgegangen und für den Aufbau von Netzwerkstrukturen die folgenden vier Schritte eingehalten werden:

1. Identifikation der internen und externen Stakeholder und ihre Gliederung in die entsprechenden Stakeholdergruppen, die für das Netzwerk von Bedeutung sind;
2. Analyse und Bewertung des Einflusses und der Interessen dieser netzwerkrelevanten Stakeholder;
3. Identifizierung der Schlüsselakteure innerhalb der Stakeholdergruppen, die eine aktive Mitarbeit im Netzwerk gewährleisten können;
4. Ableitung von Strategien und Maßnahmen zur Aktivierung der Stakeholder für die Mitarbeit und/oder Unterstützung des Netzwerks (vgl. Tiemeyer 2002: 32; Schubert 2008: 64).

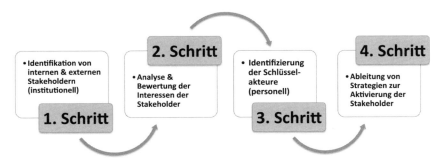

Abb. 9 Schritte der Stakeholderanalyse

Es geht darum herauszufinden, welche Personen und Institutionen für die problemlösungsorientierte Zusammenarbeit eine wichtige Rolle spielen. Mit Blick auf das Beispiel der gesundheitlichen Beeinträchtigung von Kindern in sozio-ökonomisch benachteiligten Stadtvierteln zählen zu den zentralen Akteuren diejenigen, deren Aufgabe es ist, Fragen der gesundheitlichen Versorgung auf kommunaler Ebene gemeinsam zu beraten. Das sind beispielsweise Vertreter der ärztlichen Selbstverwaltung, des Öffentlichen Gesundheitsdienstes, der gesetzlichen und privaten Krankenversicherungen, der Krankenhäuser, der Selbsthilfegruppen etc. Neben diesen unmittelbar mit Themen der gesundheitlichen Versorgung beschäftigten Institutionen zählen weitere Kreise der öffentlichen Verwaltung wie etwa Jugend-, Schul- und Sozialamt ebenso zu relevanten Akteuren wie Kinder- und Jugendeinrichtungen, Wohlfahrtsverbände, Stadtsportbund und viele andere mehr. In einem solchen Fall ist es sinnvoll, erst einmal innerhalb des Netzwerkmanagements ein Brainstorming durchzuführen, um die naheliegenden Kontakte zu aktivieren, bevor dann im zweiten Schritt systematisch analysiert wird, wer darüber hinaus noch einbezogen werden sollte, um möglichst alle wesentlichen Akteure zu berücksichtigen.

Es ist jedoch kaum vorstellbar, alle Stakeholder in das Netzwerk zu integrieren, da es sich in der Regel um eine große und unübersichtliche Anzahl von Institutionen und Personen handelt, die einen Bezug zur Zielgruppe oder dem Thema des Handlungsfelds haben. Es ist von verschiedenen Faktoren abhängig, wie groß ein Netzwerk sein darf. Wenn ein Netzwerk zu groß wird, besteht die realistische Gefahr, dass es dadurch handlungsunfähig wird. Gleichwohl sollte grundsätzlich reflektiert werden, ob jeder interessierte Akteur tatsächlich zum aktiven Netzwerkpartner avanciert oder anderweitig der Informationsfluss sichergestellt werden kann.

Daher sollte bei der Stakeholderanalyse sehr systematisch vorgegangen werden, um herauszufinden, wer welche Bedeutung für das Netzwerk haben könnte. Hier kann mit einer sog. Stakeholdermatrix (einem Vier-Felder-Schema) gearbeitet werden, in das die Akteure verortet und nach Interesse und Einfluss geclustert werden (vgl. Schubert, Spieckermann, 2009: 50):

2 Initiierung von Netzwerken

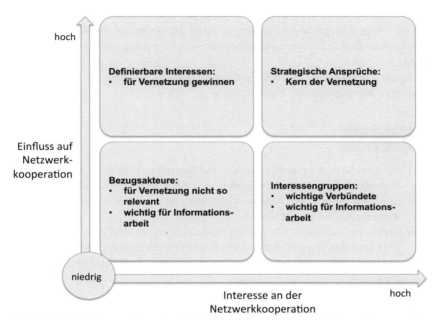

Abb. 10 Stakeholdermatrix nach Einfluss und Interesse einer Netzwerkkooperation (Schubert, Spieckermann, 2009)

„Während Stakeholder mit hohem inhaltlichen Interesse und vergleichsweise wenig Einfluss als wichtige Verbündete leicht zu gewinnen sind, liegt der Schwerpunkt der Netzwerkarbeit auf den einflussstarken Akteuren. Die einflussreichen Akteure, die ebenfalls ein starkes inhaltliches Interesse haben, bilden den Kern der Vernetzung und sollten bereits frühzeitig aktiviert werden. Aufgrund des formulierten inhaltlichen Interesses stellt es kein großes Problem dar, diese Stakeholder für das Thema oder Projekt zu gewinnen. Ein Hauptaugenmerk stellen die einflussreichen Akteure dar, deren Interesse eher niedrig ist bzw. deren Interesse unklar ist. Hier müssen Netzwerk- und Kommunikationsstrategien entwickelt werden, wie dieser Akteurskreis angesprochen werden kann und welchen Nutzen diese Personen haben, sich für das Projekt zu engagieren" (Schubert, Spieckermann, 2009: 50).

Die Gliederung der Stakeholder in unterschiedliche Interessen- und Einflusskategorien hilft auch dabei, die potenziellen Partner innerhalb des Netzwerks zu positionieren und in die entsprechenden Netzwerkstrukturen einzuordnen:

Je wichtiger der Partner im Zusammenspiel und je größer sein Einfluss ist, desto zentraler sollte er positioniert werden – etwa in der Steuerungsgruppe. Entferntere Partner, etwa aus dem universitären Bereich oder aus dem Bereich der Wirtschaft, können beispielsweise in einem Beirat aktiv werden, der für bestimmte thematische Entwicklungen und insbesondere zur Beratung zeitweise einbezogen wird.

In der Praxis hat es sich bewährt, bereits gewählte Vertreter – etwa von bestimmten Berufsgruppen – einzubeziehen.

Beispiele:

- Niedergelassene Ärzte wie Kinder- und Jugendärzte wählen Obleute, die als Vertreter fungieren und Themen in den Kreis der Ärzteschaft zurückspiegeln. Auf diese Weise kann das Netzwerk mit anderen bestehenden Netzwerken aktiv verknüpft werden.
- Gleichermaßen kann z.b. mit Jugendeinrichtungen eine Vereinbarung darüber getroffen werden, dass sie einen Vertreter benennen, der wiederum in anderen gemeinsamen Gremien Bericht erstattet und für Entscheidungen ein gemeinsames Votum einholt.

Sofern also mehrere Anbieter gleicher Leistungen als relevant identifiziert worden sind, sollte im Vorfeld eine Einigung erzielt werden, wer die jeweilige Gruppe vertritt.

Eine nicht zu unterschätzende Aufgabe ist es, Betroffene und Akteure zur Partizipation zu bewegen, dabei sind beispielsweise folgende mittelbare und unmittelbare Zugangswege denkbar:

- Stadtteiltreffpunkte/Gemeindezentrum
- Gemeindeschwestern, Familienhebammen, Sozialmedizinische Assistentinnen und Assistenten
- Allgemeiner Sozialer Dienst
- Integrationsbeauftragte
- Moscheevereine
- Sportvereine.

Da die Partizipation von Betroffenen eine tiefere Einsicht und ein höheres Maß an Einverständnis und Motivation garantiert (vgl. Rappaport 1977) und die Selbstbestimmungsfähigkeit stärkt, ist der Gewinnung der Betroffenen Aufmerksamkeit und Zeit zu widmen. Gleichwohl mag es Themen geben, mit denen sich Netzwer-

2 Initiierung von Netzwerken

ke beschäftigen, bei denen Betroffene möglicherweise nicht in jeder Arbeitsgruppe integriert werden müssen (z.b. Akquise von Sponsoren).

Neben diesen eher formalen Aspekten, gibt es weitere Kriterien, die bei der Akquise von Stakeholdern beachtet werden sollten. Zu diesen Aspekten gehören eher persönlichkeitsbezogene Fähigkeiten und Kompetenzen wie Überzeugungskraft, Begeisterung und Beharrlichkeit von Einzelnen, die damit die Netzwerkarbeit aktiv vorantreiben und u.U. einen größeren Mehrwert besitzen können, als beispielsweise wirtschaftliche oder politische Kontakte.

Weiterhin ist die Unterstützung durch Leitungskräfte und öffentliche Entscheidungsträger, z.b. Vertretern aus Politik, Bildung und Wissenschaft, Ämtern und Behörden, Berufs- und Wirtschaftsverbänden, Dienstleistung und Freizeit von Bedeutung.

In der Praxis hat sich gezeigt, dass nie von Beginn an alle (potenziell) relevanten Akteure einbezogen sind, es gibt immer solche, an die zu Beginn nicht gedacht wird – in der Regel aus Unkenntnis der Strukturen vor Ort bzw. einer unüberschaubaren Vielzahl relevanter Akteure. Letztlich wird sich aber bei der Aufnahme der Arbeit in der Praxis zeigen, ob weitere Stakeholder integriert werden sollten. Daher sollte das Netzwerk immer bereit sein, neue Partner aufzunehmen.

Nachdem die Stakeholder identifiziert und analysiert wurden, gilt es im nächsten Schritt, diese zu aktivieren. Um potenzielle Partner zu motivieren, ist es notwendig, diesen den Nutzen einer Zusammenarbeit deutlich zu machen.

- Um überzeugend zu argumentieren, sollte das Netzwerkmanagement die Vision des Netzwerks konkretisieren und transportieren können und darüber hinaus eine Vorstellung davon vermitteln, welche Vorteile der potenzielle Netzwerkpartner trotz knapper zeitlicher und finanzieller Ressourcen von einer Mitarbeit hat.

Beispiel:

So wird z.b. im Rahmen der Deutschen Antibiotika-Resistenzstrategie (Maßnahmen zur Eindämmung von Antibiotikaresistenzen und Hygienemängeln) als Ziel die Gründung regionaler Netzwerke formuliert. Hier wird angestrebt, durch die Entwicklung gemeinsamer Standards und Versorgungsstrategien die Zusammenarbeit auf regionaler Ebene zum Wohle betroffener Patienten zu verbessern. Der Mehrwert einer solchen Kooperation liegt darin, dass durch einheitliche Standards mehr Handlungssicherheit entsteht. Synergien solcher sektorenübergreifender Kooperations- bzw. Netzwerkformen entstehen, indem durch einen Austausch und gemeinsame Absprachen, die Probleme der unterschiedlichen an der Versorgung Beteiligten besser verstanden und gehandhabt werden. Ansprechpartner in den unterschiedlichen Institutionen sind bekannt, die Wege sind kürzer, so dass auch bei anderen Themen ein schnellerer Austausch möglich ist.

- Ein weiteres Argument ist die vorhandene Erfahrung des Gegenübers. Insbesondere, wenn es um ein Alleinstellungsmerkmal geht, beispielsweise die langjährige Erfahrung bei Kooperationsprojekten in einer bestimmten Region. Überzeugungskraft hat sicherlich auch die Anerkennung, dass potenzielle Partner z.B. aufgrund der inhaltlichen Ausrichtung des Netzwerks unabdingbar dazu zählen müssen.

Beispiel:

Für die Frage nach der gesundheitlichen Beeinträchtigung von Kindern in sozial benachteiligten Stadtteilen ist die Beteiligung niedergelassener Kinder- und Jugendärzte unabdingbar.

- Die Bedeutung der Einrichtung selbst innerhalb einer Kommune oder einer Region ist ebenfalls ein überzeugendes Argument.

Beispiel:

Die regionale Arbeitsstelle für Kinder und Jugendliche aus Zuwanderungsfamilien ist bei dem Thema „Ungleiche Gesundheitschancen von Kindern" eine Instanz, die es einzubinden gilt. Neben dem Alleinstellungsmerkmal ist die Arbeitsstelle in der Kommune selbst bedeutsam und mit hoher Wahrscheinlichkeit bereits mit potenziellen Betroffenen vernetzt.

- Ebenfalls ein guter Grund, sich an einem Netzwerk zu beteiligen, ist die Gelegenheit, selbst Einfluss zu nehmen.

2 Initiierung von Netzwerken

> **Beispiel:**
>
> Wenn etwa im Rahmen der Deutschen Antibiotika-Resistenzstrategie innerhalb des Netzwerks Überleitungsstandards definiert werden sollen, dann dürften zahlreiche Beteiligte den Wunsch haben, diesen Prozess zu beeinflussen. Eine Konsequenz aus der Beteiligung kann zudem die effizientere und effektivere Gestaltung von Arbeitsprozessen sein (vgl. Feld, 2011).

- Daneben spielen die öffentliche Anerkennung sowie die Erwartung, zusätzliche finanzielle Mittel zu generieren, eine große Rolle für eine mögliche Beteiligung. Häufig zählen sie zu den Hauptmotiven der Stakeholder, sich in einem Netzwerk zu engagieren. Daher ist es sinnvoll, eine optimistische Vorwegnahme möglicher, wenn auch nicht sicherer Konsequenzen der Beteiligung an einem Netzwerk darzustellen.

> **Beispiel:**
>
> In den letzten Jahren gab es viele öffentlich geförderte „Netzwerkprogramme", wie „Soziale Stadt-Projekte", „Aktionsbündnisse für gesunde Lebenswelten", „Kommunale Präventionsketten" und viele andere mehr.[3]

Die Kehrseite der Medaille ist öffentlicher Druck. Wenn Themen gezielt in die Öffentlichkeit getragen werden, z.B. das Thema „Frühe Hilfen", sind manche Einrichtungen überhaupt nicht in der Lage, eine Beteiligung an einem Netzwerk abzulehnen (vgl. Feld, 2011). Eine mehr oder weniger „erzwungene" Beteiligung an einem Netzwerk wirkt sich in der Regel kontraproduktiv auf die Ergebnisse und Effekte der Arbeit aus.

Bis zu dem Zeitpunkt, an dem das Netzwerk tatsächlich offiziell gegründet wird, ist einiges an Vorlaufzeit einzuplanen. Nachdem die „richtigen" Akteure und Partner für das Netzwerk identifiziert worden sind, wird Zeit benötigt, um Vertrauen zu und zwischen den möglichen Partnern aufzubauen. Um zunächst alle potenziellen Netzwerkpartner an „einen Tisch" zu bekommen, sollte ein Auftaktworkshop oder eine Auftaktveranstaltung geplant werden.

---

[3] mehr dazu unter: www.bmbf.de; www.bmg.de; www.dlr.de www.mfkjks.nrw.de

2.2 Auftaktworkshop

Zentrales Anliegen des Auftaktworkshops ist das gegenseitige Kennenlernen der potenziellen Netzwerkpartner sowie die Initiierung vertrauensbildender und -fördernder Maßnahmen. Dazu zählen die Verständigung über:

- die gemeinsame Vision und die daraus abgeleiteten Ziele und Maßnahmen,
- den zu erwartenden Aufwand und den Nutzen (win-win-Situation),
- die Arbeitsweisen und Abstimmungsverfahren und
- die Beteiligungs- und Einflussmöglichkeiten jedes Einzelnen (Rollenverteilung).

Als wesentliches Merkmal eines Auftaktworkshops ist hervorzuheben, dass dieser nicht öffentlich stattfindet und auch nicht gleichzusetzen ist mit der Gründung des Netzwerks.

2.2.1 Auftaktworkshop planen

Der erste Schritt ist die Terminfindung. Hierbei zählt: Kompetenz vor Hierarchie. Es ist von Bedeutung, dass auch tatsächlich die Personen mit der größtmöglichen Kompetenz hinsichtlich der Thematik teilnehmen und nicht etwa die Entscheidungsträger, die das Thema inhaltlich nicht unbedingt voranbringen können.

Da diese jedoch für die Akzeptanz des Netzwerks eine große Bedeutung haben, sollten sie sinnvoll integriert werden z.B. durch die Einladung zur Mitwirkung in einem wissenschaftlichen oder wirtschaftlichen Beirat.

▶ **Tipp**
Zur Terminfindung eignen sich Online-Tools wie beispielsweise Doodle, vorausgesetzt, dass mit allen potenziellen Netzwerkpartnern bereits persönliche Gespräche geführt worden sind, in denen der Auftaktworkshop avisiert worden ist.

Im zweiten Schritt sind die Räumlichkeiten und Rahmenbedingungen zu organisieren. Hier sollte auf hohe Flexibilität und Variabilität geachtet werden. Sowohl ein zu kleiner als auch ein viel zu großer Raum beeinträchtigen jede Besprechung in erheblichem Maße. Als Sitzordnung sollte eine Konferenz gewählt werden, bei der sich alle Netzwerkpartner ansehen können und auf einer Augenhöhe befinden. Zu vermeiden sind unbedingt Tisch- oder womöglich Sitzreihen, die an den Schulunterricht erinnern und die Teilnehmenden in die Rolle des Zuhörers

2 Initiierung von Netzwerken

versetzen (können). Grundsätzlich gilt, dass sich die Raumgestaltung nach der Anzahl der Teilnehmenden sowie der Wahl der Methoden richtet (vgl. Quilling, Nicolini, 2009).

> **Tipp**
> Zur Ausstattung sollten zählen:
> - Flipchart (zur Visualisierung der Tagesordnung und Dokumentation der Besprechungsergebnisse),
> - Metaplanwand (z.b. für eine Erwartungsabfrage),
> - Moderationskoffer (gut ausgestattet mit reichlich Karten und Stiften),
> - Beamer und Laptop (falls bestimmte Inhalte präsentiert werden sollen).
>
> Außerdem ist es der Stimmung zuträglich, wenn warme und kalte Getränke, evtl. Obst und Gebäck angeboten werden. Trotz zusätzlicher Kosten sollte nicht darauf verzichtet werden.

Der dritte Schritt ist die schriftliche Einladung, die durchaus als Anhang per E-Mail übermittelt werden kann, jedoch ein unabhängiges Dokument sein sollte. Sie beinhaltet den Besprechungsanlass, den Zeitrahmen (Anfang/Ende oder Dauer) sowie den Ort. Außerdem ist es sinnvoll, den Teilnehmenden mit der Einladung eine grob skizzierte Tagesordnung zukommen zu lassen, damit sie wissen, was sie in etwa auf der Veranstaltung erwartet und sich ggf. inhaltlich vorbereiten können.

> **Tipp**
> Zur besseren Vorbereitung (und trotz Terminabstimmung) sollte eine Frist zur Rückmeldung über die Teilnahme bzw. Nicht-Teilnahme mitgeteilt werden, ggf. verbunden mit einem entsprechenden Formular.

Im vierten Schritt wird der Auftaktworkshop konkret inhaltlich und methodisch vorbereitet. Leitende Fragen sind hier:

- Welches sind die Ziele der einzelnen Tagesordnungspunkte und wie viel Zeit bedarf jeder Punkt in etwa?
- Welche Methoden sollen zum Einsatz kommen?
- Welche Technik/welches Material wird benötigt?
- Welche Arbeitsunterlagen werden im Vorfeld bereitgestellt?

- Wer moderiert den Workshop?
- Wer führt das Protokoll?
- Ist der Raum vorbereitet und das benötigte Material/Technik vor Ort?

Die Zusammenstellung der Tagesordnung sollte realistisch erfolgen. Zu viele Tagesordnungspunkte, die dann ggf. vertagt werden müssen, sind ebenso abschreckend, wie zu allgemeine Punkte, die diverse Unterpunkte verbergen. Die Zeiteinheiten für einzelne Tagesordnungspunkte sollten nicht zu lang sein, ohne hier jedoch die Diskussionsmöglichkeiten an sich einzuschränken. Dementsprechend muss auch die Wahl der Methoden erfolgen.

▶ **Tipp** Visualisieren Sie die Tagesordnung auf einem Flipchart. So behalten die Teilnehmer die noch anstehenden Punkte im Blick und gleichzeitig können erledigte Punkte abgehakt werden.

Notwendige Arbeitsunterlagen sollten bereits im Vorfeld bereitgestellt werden. Nichts ist belastender für eine Besprechung als Tischvorlagen, die den Teilnehmenden zusätzliche Arbeit signalisieren.

Zur Rollenklärung von Moderation, Gastgeber und Protokollant: Aus diesen Rollen lassen sich verschiedene Aufgaben und Funktionen im Vorfeld, während des Workshops und für die Nachbereitung ableiten.

Diese drei Rollen sollten keinesfalls in einer Person vereint sein. Insbesondere bei der Auftaktveranstaltung ist es sinnvoll, wenn das Netzwerkmanagement die Moderation und den Protokollant stellt, weil in der Anfangsphase davon auszugehen ist, dass hier die größte Kenntnis über die Vision bzw. den Auftrag und vielleicht auch die möglichen Interessen der verschiedenen Partner besteht. Um einen Auftaktworkshop zielorientiert moderieren zu können, ist es sinnvoll zu wissen, aus welchem Umfeld die Teilnehmer kommen und wer welche Interessen vertritt. Dazu ist es auch möglich, eine neutrale Moderation zu engagieren, die im Vorfeld jedoch sehr gut vorbereitet werden muss und sich ebenfalls Wissen über den Teilnehmerkreis aneignet.

Die Protokollführung in den Händen des Netzwerkmanagements zu halten ist sinnvoll, damit die koordinierende Stelle besser die Zeitabläufe unter Kontrolle hält und nicht darauf warten muss, dass einer der Partner das Protokoll erstellt und zuschickt. Die Protokollführung in den Händen zu halten ist also eine Frage des sinnvollen Zeitmanagements. Allerdings sollten diese beiden Rollen unbedingt zwei unterschiedlichen Personen zugeteilt werden, da der Moderator oder die Moderatorin sich ganz auf den Verlauf und die Leitung des Workshops konzentrieren muss und dabei keine weitere Aufgabe übernehmen kann. Wenn eine Person beide Rollen ausfüllt, leidet entweder das Protokoll oder die Prozessführung im Workshop.

Einen der potenziellen Partner als Gastgeber bereits im Vorfeld einzubinden, kann positiv wirken, da sich dann nicht alles auf das Netzwerkmanagement konzentriert, sondern weitere Akteure präsent sind. Allerdings muss darauf geachtet werden, dass sich dadurch niemand übervorteilt fühlt. Hier kann der Vorschlag wechselnder Tagungsorte durch die Moderation Abhilfe schaffen.

2.2.2 Auftaktworkshop umsetzen

Zu Beginn – nach einer formalen Begrüßung und Einigung über die Tagesordnung – sollten Erwartungen an die beabsichtigte Netzwerkgründung und die Motivation zur Teilnahme besprochen werden. Hier kann bereits ein erster Eindruck über die Interessen Einzelner sowie über ggf. voneinander abweichende Aufträge der „Herkunfts-"Institutionen gewonnen werden. Akteure und Institutionen können durchaus ihre Teilnahmebereitschaft erklären, gleichzeitig aber ihre Partikularinteressen wahren wollen und die Vertreter/in mit einer „Hidden Agenda" ausgestattet zu dem Auftaktworkshop senden. Hier sollte darauf geachtet werden, dass die Interessen der Einzelnen nicht in den Vordergrund rücken. Dies zu erkennen und vorsichtig zu lenken ist u.a. die Aufgabe der Moderation. Es ist legitim, dass die unterschiedlichen Akteure Partikularinteressen vertreten, diese sollten im Rahmen der Netzwerkarbeit jedoch zurückgestellt werden.

Daher ist es methodisch sinnvoll, mit einer kurzen „Kennenlern-Runde" zu beginnen. Auf diese Weise erhalten alle einen Überblick über anwesende Personen und Institutionen. In einem zweiten Schritt sollte kurz der eigene Auftrag skizziert werden, um dann im dritten Schritt die konkreten Erwartungen der Einzelnen abzufragen, z.B. mithilfe einer Kartenabfrage. Die Kartenabfrage bietet den Vorteil, dass auch diejenigen etwas beitragen, die vielleicht zu schüchtern sind, ihre Erwartungen in einer großen Gruppe zu erläutern. Außerdem können mithilfe der Karten die verschiedenen Erwartungen anschließend besser geclustert werden, sodass Unterschiede und Gemeinsamkeiten sichtbar erarbeitet werden können (vgl. Quilling, Nicolini, 2009). Erst, wenn der Auftrag und die Erwartungen geklärt sind, kann in einem nächsten Schritt an gemeinsamen Zielen gearbeitet werden.

Verständigung über gemeinsame Ziele und Maßnahmen

Um den Fokus auf die Gemeinsamkeiten zu richten, ist es wichtig, intensiv und frühzeitig an den gemeinsamen Zielen zu arbeiten. Aus dem übergeordneten Gesamtziel, das formal Anlass zur Netzwerkinitiierung ist (z.B. der politische Auftrag ein Netzwerk „Frühe Hilfen" zu initiieren), gilt es, die einzelnen Teilziele und Maßnahmen daraus abzuleiten. Die Aufgabe besteht für die Gruppe nun darin, gemeinsam zu definieren, was konkret erreicht werden soll (und kann). Für den Zielfindungsprozess sind verschiedene methodische Herangehensweisen hilfreich, wie beispielsweise ein Brainstorming oder eine sehr strukturierte Vorgehensweise wie die Arbeit mit Zielerreichungsskalen (vgl. Schäfer, 2011). Dazu werden neben dem „Oberziel" zunächst verschiedene Teilziele definiert und anschließend mit Inhalten gefüllt.

Beispiel

Die Teilziele können auf strukturelle Ansätze, wie die Veränderung von Verhältnissen abzielen: die Schaffung von Grünflächen in sozial benachteiligten Quartieren oder Veränderungen in unterschiedlichen Settings (Kindergarten, Schule, Moschee).

Sie können sich aber auch auf verschiedene inhaltliche Dimensionen beziehen (Bewegung, Ernährung, Stressmanagement) und/oder auf einzelne Zielgruppen wie Eltern, Jugendliche, Kleinkinder etc.

Im Rahmen des Zielfindungsprozesses ist es wichtig, zu konsensualen Beschlüssen zu kommen. Der Zielfindungsprozess kann bei einem Auftaktworkshop nur angestoßen und muss in weiteren Arbeitsschritten ausdifferenziert werden. Bis die Ziele endgültig festgelegt werden, sind in der Regel mehrere Arbeitstreffen nötig, die dann entsprechend gezielt vom Netzwerkmanagement vorbereitet werden können.

Die kooperative Arbeit an konkreten Zielen und Maßnahmen rückt das gemeinsame Interesse in den Mittelpunkt und die Einzelinteressen treten automatisch in den Hintergrund. Im Zentrum des Auftaktworkshops sollte daher die Arbeit an den gemeinsamen Zielen stehen.

2.3 Arbeitsprozesse bis zur formalen Gründung des Netzwerks

Die formale Gründung des Netzwerks kann erfolgen, sobald alle Partner gefunden sind und das Gesamtziel geklärt ist. Es ist jedoch sinnvoll, erst die folgenden Arbeitsschritte zu vollziehen, bevor das Netzwerk formal gegründet und vielleicht auch der Öffentlichkeit vorgestellt wird:

- Ziele und Teilziele definieren

- Leitbild entwickeln
- Win-win-Bedingungen herstellen
- Arbeits- und Kommunikationsregeln vereinbaren
- Rechts- bzw. Arbeitsform klären
- Geschäftsordnung bzw. Kooperationsvereinbarungen erstellen

Erst, wenn diese Schritte für alle nachvollziehbar und transparent sind, sollten entsprechende Verpflichtungen eingegangen werden, um langfristige Mitarbeit im Netzwerk gewährleisten zu können. Wenn sich Institutionen auf eine Mitarbeit einlassen, nur weil ihnen das Gesamtziel gefällt, ihnen aber Personal- und Zeitaufwand unklar sind, wird die Beteiligung nicht lange andauern. Daher sollte der Vorbereitungsprozess mit intensiven Gesprächen verbunden sein und als Ergebnis nicht nur die gemeinsamen Ziele hervorbringen, sondern auch benötigte Ressourcenfragen klären.

2.3.1 Ziele und Teilziele definieren

Ziele und Teilziele lassen sich nicht innerhalb eines einzelnen (Auftakt-)Workshops definieren, vor allem dann nicht, wenn viele Netzwerkpartner partizipieren. Deshalb kann es von Vorteil sein, die einzelnen Ziele, Teilziele und Schritte zur Zielerreichung in einer kleineren Arbeitsgruppe (gemeinsam mit dem Netzwerkmanagement und verschiedenen Akteuren) vorzubereiten und dann im Netzwerk zur Diskussion zu stellen. Je nach Struktur des Netzwerks kann das bedeuten, dass die verschiedenen Ziele in mehreren Arbeitskreisen fachlich diskutiert und beschlossen werden müssen.

Im Rahmen dieses Prozesses ist zunächst die Frage zu klären, was bis wann warum erreicht werden soll. Sowohl das Ziel als auch die Begründung für die Notwendigkeit müssen formuliert und der zeitliche Rahmen abgesteckt werden. Das Gesamtziel ist sinnvoller Weise – wie ein Projektstrukturplan – in Teilziele auszudifferenzieren, die wiederum für einzelne Teilbereiche konkretisieren, was mit welchen Maßnahmen erreicht werden soll. Analog zum Projektmanagement ist es wichtig, Meilensteine zu definieren, die das Ergebnis eines Teilziels bzw. Etappenabschnitts markieren. Entsprechende Diskussionsvorlagen können in der Arbeitsgruppe vorbereitet werden, die dann beispielsweise von der Steuerungsgruppe beschlossen werden. Am Ende dieses Prozesses müssen alle Netzwerkmitglieder hinter den gemeinsamen Zielen stehen, um diese im Innen- und Außenverhältnis entsprechend vertreten zu können.

Bei der Operationalisierung der Ziele ist eine Orientierung an den SMART-Kriterien (vgl. Abb. 11) hilfreich. Sie sollen demnach **s**pezifisch, **m**essbar, **a**ngemessen, **r**elevant und **t**erminiert sein:

S	spezifisch	Ziele müssen **eindeutig/präzise** definiert sein
M	messbar	Ziele müssen **messbar** sein (wer, was, wann, wie viel, wie oft)
A	angemessen	Ziele müssen **erreichbar** sein (Ressourcen)
R	relevant	Ziele müssen **bedeutsam** sein (Mehrwert)
T	terminiert	Klare Terminvorgabe/klarer **Zeitrahmen**

Abb. 11 Übersicht SMART-Kriterien

Des Weiteren sollte bei der Zielformulierung auf die Möglichkeiten der Umsetzung geachtet werden, was bedeutet, dass die Ziele und Teilziele realistisch, akzeptiert und finanzierbar sein sollten. Wenn beispielsweise nur geringfügige finanzielle Mittel zur Verfügung stünden, wäre es in einer großen Kommune nicht umsetzbar, in jedem Stadtviertel undifferenziert ein neues Spielgelände anzulegen. Ein solches Ziel wäre vermutlich bei Stakeholdern nicht akzeptiert, da beispielsweise viele Stadtteile durchaus über Spielgelände mit intakten Spielgeräten etc. verfügen.

Darüber hinaus sollte die Nachhaltigkeit ein zentrales Kriterium bei der Festlegung der Ziele sein. Ziele, die zwar erreichbar, aber gleichzeitig vergänglich oder nur durch fortlaufende Kosten aufrechtzuerhalten sind, sollten intensiv auf ihre Notwendigkeit hin reflektiert werden.

Die Ziele und ihre (gesellschaftliche) Relevanz müssen für alle Netzwerkmitglieder und weitere Stakeholder erkennbar sein. Darüber hinaus ist es für die Identifizierung mit dem Netzwerk hilfreich – ähnlich wie in großen Unternehmen – ein Leitbild zu entwickeln, mit dem sich alle Partner gleichermaßen identifizieren können. Es spiegelt den Gesamtrahmen der Netzwerkarbeit wider und nicht nur die konkreten Ziele, sondern z.B. auch Normen und Werte.

2.3.2 Leitbildprozess in Netzwerken

In dem Leitbild einigen sich die Netzwerkpartner beispielsweise auf ein gemeinsames Verständnis, einen Handlungsrahmen, Kommunikationsstrukturen sowie Qualitätskriterien. Dieses Leitbild bildet damit die Grundlage für die gemeinsame „Netzwerkidentität".

Das Leitbild entsteht nicht einfach in einer einzigen Netzwerksitzung – die Entstehung eines Leitbilds ist ein Prozess, der in die schriftliche Formulierung des Selbstverständnisses des Netzwerks mündet: Das Leitbild gibt die gewünschte und angestrebte Eigen- und Fremdwahrnehmung wieder und beschreibt damit ein Idealbild. Die Entwicklung und Formulierung des Leitbilds ist eine typische „Managementaufgabe", daher sollte das Netzwerkmanagement diesen Prozess

2 Initiierung von Netzwerken

moderieren, denn die beabsichtigte Entwicklungsrichtung wird voraussichtlich für eine längere Zeit festgelegt. Das Leitbild gilt als Richtschnur und Basis für Entscheidungen und Aktivitäten, die zu dem gewünschten Ziel führen sollen. Und es beschreibt die langfristige Vision des Netzwerks. Durch die Verdichtung auf Kernaussagen kann das Leitbild Netzwerkpartner erreichen. Darüber hinaus können diese Kernaussagen daraus auch für die gemeinsame Öffentlichkeitsarbeit genutzt werden.

Das Leitbild dient auf allen Ebenen des Netzwerks der Orientierung und Integration und unterstützt das Netzwerkmanagement in seiner Funktion.

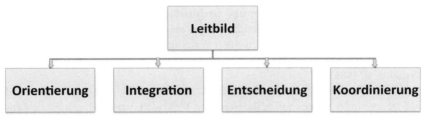

Abb. 12 Funktionen des Leitbilds

Das Niederschreiben präziser Werte-Normen zur Erreichung der formulierten Ziele in einem Leitbild bietet den Akteuren Orientierung und ermöglicht die eindeutige Einhaltung derselben. Das Leitbild dokumentiert damit allen Partnern des Netzwerks, wie das persönliche Verhalten zum Erreichen der Ziele beitragen kann.

Die Integrationsfunktion des Leitbilds ermöglicht den Akteuren die Entwicklung einer Identität und eines angemessenen Kommunikationsstils, dies ist insbesondere in komplexen Netzwerken von großer Bedeutung. Widerstände aufgrund mangelhafter Integration können dadurch verringert werden.

Aus der klaren Regelung in Bezug auf Entscheidungskompetenzen ergeben sich die Entscheidungsspielräume für die Netzwerkpartner und sie eröffnet Perspektiven bei einem eventuell notwendigen Krisenmanagement.

Die Koordinierungsfunktion des Leitbilds bietet Orientierung für eine möglichst konfliktfreie Zusammenarbeit über verschiedene Ebenen und Arbeitsstrukturen hinweg. Um eine enge Verbindung aller Netzwerkpartner mit dem Leitbild zu erreichen, werden häufig schlagwortartige Kurzfassungen erarbeitet, die allen jederzeit zur Verfügung stehen und aus denen unmittelbar notwendige Entscheidungen abgeleitet werden können. Letztlich ist entscheidend, dass das Leitbild nicht nur aufgeschrieben, sondern von allen Partnern akzeptiert und gelebt wird.

Auf diese Weise kann ein Leitbild auch einen Beitrag dazu leisten, Win-win-Situationen für die Beteiligten zu schaffen. Die Herstellung solcher Win-win-Situationen ist ein wesentlicher Erfolgsfaktor für die nachhaltige Zusammenarbeit im Netzwerk.

2.3.3 Win-win-Bedingungen herstellen

So genannte Win-win-Situationen sind Situationen, in denen beide oder alle Beteiligten einen „Nutzen" für sich erzielen. Neben den eigenen Interessen werden auch die Interessen anderer Partnerinnen und Partner wahrgenommen und respektiert. Eine Win-win-Situation kann erreicht werden, wenn alle Beteiligten bereit sind, nicht ihre eigenen Interessen mit aller Macht durchzusetzen, sondern gemeinsam zu einer tragfähigen und nachhaltigen Lösung zu kommen. Damit sind nicht Kompromisse gemeint, bei denen jeder Partner „ein bisschen" nachgibt, sondern Lösungen, die durch einen Verhandlungsprozess entstehen und von jedem Beteiligten akzeptiert und als „Nutzenzuwachs" betrachtet werden (vgl. Fisher et al. 1984).

Um die Stakeholder für eine engagierte Mitarbeit im Netzwerk gewinnen und auf Dauer binden zu können, müssen sie den Mehrwert ihres Engagements erkennen können. Dieser liegt zum Beispiel in einer Win-win-Situation. Das bedeutet, sie müssen erkennen und erfahren, dass ihr Engagement einen wichtigen Beitrag zu dem Gelingen des Netzwerks leistet und darüber hinaus einen Nutzen für sich selbst erzielen.

Eine wichtige Voraussetzung für das Entstehen einer Win-win-Situation ist eine angemessene und faire Kommunikation miteinander und die Herstellung von Transparenz für alle Beteiligten (typische Elemente eines Leitbilds).

Das Thema Konkurrenz wird hierbei in Netzwerken oft tabuisiert. Dabei arbeiten in großen Netzwerken häufig konkurrierende Institutionen miteinander. Das Verschweigen solcher Konkurrenzsituationen führt jedoch in der Praxis dazu, dass sich einzelne Mitglieder aus dem Netzwerk zurückziehen. Nur, wenn Konkurrenzen transparent gemacht und bestimmte Vorbehalte rechtzeitig geäußert werden, gibt es die Chance adäquate Lösungen zu finden. Daher darf sich die Moderation nicht vor Konfliktsituationen scheuen, sondern muss kompetent reagieren können. Es sollten entsprechende Arbeits- und Kommunikationsregeln aufgestellt werden, um einen vertrauensvollen Umgang miteinander zu gewährleisten.

Der naheliegende Nutzen oder Gewinn kann z.B. in dem Knüpfen von Kontakten liegen oder in der Erschließung innovativer Zugangswege zu neuen Kunden bzw. Klienten. Ein weiterer Gewinn könnte das Bekanntwerden der eigenen Organisation/Institution sein sowie die Steigerung der Öffentlichkeitswirksamkeit. Nach dem französischen Soziologen Pierre Bourdieu sind Netzwerke die Basis für Sozialkapital.

„Das Sozialkapital ist die Gesamtheit der aktuellen und potentiellen Ressourcen, die mit dem Besitz eines dauerhaften Netzes von mehr oder weniger institutionalisierten Beziehungen gegenseitigen Kennens oder Anerkennens verbunden sind; oder, anders ausgedrückt, es handelt sich dabei um Ressourcen, die auf der Zugehörigkeit zu einer Gruppe beruhen" (Bourdieu, 1983).

Das soziale Kapital resultiert damit aus einem Netz von Beziehungen heraus, das mit hoher Loyalitätsgarantie nach innen und dem Zugang zu anderen Kapitalformen (ökonomisches und kulturelles Kapital) einhergeht. Die Wirkung sozialer Beziehungen kann demzufolge die Wirkung individuellen Handelns potenzieren.

Beispiel

Wenn beispielsweise jemand, der sich just selbstständig gemacht hat, einem Karnevalsverein beitritt, ohne selbst dem Karneval zugeneigt zu sein, dann kann das dahinter liegende Motiv sein, durch die Vereinszugehörigkeit neue (Geschäfts-) Beziehungen zu generieren.

„Das Beziehungsnetz ist das Produkt individueller oder kollektiver Investitionsstrategien, die bewußt oder unbewußt auf die Schaffung und Erhaltung von Sozialbeziehungen gerichtet sind, die früher oder später einen unmittelbaren Nutzen versprechen" (Bourdieu, 1983).

Diese Interessen der Einzelnen auszutarieren und das Netzwerk nicht zu einem Ort der Vorteilsnahme degenerieren zu lassen, gehört mit zu den Aufgaben des Netzwerkmanagements.

2.3.4 Arbeits- und Kommunikationsregeln vereinbaren

Die Zusammenarbeit in großen Gruppen – also auch Netzwerken – gestaltet sich nicht immer unkompliziert. Wenn viele Menschen zusammen kommen und gemeinsam über Ziele und Arbeitsaufträge „verhandeln", ist es nicht immer einfach für alle eine gute Lösung zu finden. Hier gilt es eine Vertrauensbasis zu schaffen, die so tragfähig ist, dass nicht immer für alle die beste Lösung erreicht werden muss. Nur auf einer entsprechenden Vertrauensbasis können tragfähige Kompromisslösungen getroffen werden. Um eine solche Vertrauensbasis als Grundlage für die gemeinsam Arbeit im Netzwerk schaffen zu können, hat z.B. das Aktionsforum Gesundheitsinformationssystem e.V. (kurz: afgis) Regeln zur Qualitätsverbesserung sozialer Netzwerke im Internet veröffentlicht[4]. Einige dieser Regeln finden sich auch in der folgenden Zusammenstellung von Regeln zur erfolgreichen Netzwerkarbeit wieder:

- *Respekt* – Die Netzwerkpartner respektieren einander und pflegen einen respektvollen Umgang.
- Die *Moderation* sollte möglichst neutral sein und entsprechend gängiger Moderationsregeln handeln.
- *Feedbackregeln* sollten gemeinschaftlich festgelegt und insbesondere in großen Arbeitssitzungen, unbedingt eingehalten werden.
- *Zuständigkeiten* und *Rollen* sind im Netzwerk eindeutig definiert. Jeder weiß, was der andere macht und welche Rolle er oder sie innerhalb des Netzwerks einnimmt. Die Aufgabenverteilung muss klar und konsensual erfolgt sein, damit sich niemand als „Randfigur" fühlt.
- *„Spielregeln"* werden grundsätzlich (im Sinne der Transparenz) schriftlich fixiert und vielleicht durch eine Art Selbstverpflichtung für alle gleichermaßen verbindlich.
- *Transparenz* über alle Prozesse und Entscheidungen stärkt das Vertrauen der Netzwerkpartner. So werden Entscheidungen nicht im „Hinterzimmer" getroffen, sondern z.B. in der Steuerungsgruppe, die durch ein Sitzungsprotokoll dokumentiert und für alle sichtbar bzw. nachvollziehbar wird.
- *Anlässe für Zusammenarbeit* initiieren – Die regelmäßige, gemeinsame Arbeit an bestimmten Fragestellungen trägt dazu bei, dass sich die Netzwerkpartner besser kennen lernen. Das schafft Vertrauen untereinander und zum Netzwerkmanagement – es entsteht ein „Wir-Gefühl".
- Dazu gehört auch, dass kleine *Erfolge* gemeinsam „gefeiert" bzw. gewürdigt werden, z.B. durch gemeinsame Pressemitteilungen über ein erreichtes Teilziel. Gemeinsame Pressearbeit leistet einen wesentlichen Beitrag zur Darstellung des gegenseitigen Respekts.
- *Fehler- und Konfliktmanagement* wird gepflegt, d.h. alle Netzwerkpartner wollen aus Fehlern lernen und verstehen Konflikte als Herausforderungen, für die Lösungen gefunden werden (d.h. nicht, dass Streit geschürt werden soll). Lediglich unterschiedliche Meinungen haben Raum, um auch Innovation zulassen zu können. Konfliktvermeidung führt in jeder Organisation – so auch in Netzwerken – zu Stagnation.

---

4 vgl.www.bvpraevention.de/cms/index.asp?inst=bvpg&snr=8493, (Stand 18.02.2012)

- *Informationsfluss* zwischen Steuerungs- und Arbeitsebene muss durch umfassende und unkomplizierte Kommunikation aller Netzwerkgeschehnisse sichergestellt sein. Hier bietet sich eine Kombination aus „Bring- und Holsystem" an, so können bestimmte Informationen wie Einladungen o.ä. regelmäßig durch das Netzwerkmanagement per E-Mail versendet werden. Andere Informationen wie Berichte, Ergebnisse und Protokolle können auf einer Internetplattform zur Verfügung gestellt werden, auf der sich die Netzwerkmitglieder selbst informieren können. Hier gilt: Je weniger Personal zum Netzwerkmanagement zur Verfügung steht, desto höher muss die Eigeninitiative der Mitglieder sein, um sich auf dem neuesten Stand zu halten (siehe dazu auch Kap. 3.5.3).
- *Erreichbarkeit* – Die Beteiligten sorgen für die gegenseitige Erreichbarkeit unter den angegebenen Kontaktdaten und die entsprechende Aktualisierung.
- *Sachlichkeit* – Die Netzwerkpartner begrüßen themenbezogene Inhalte und sachliche Kritik. Meinungen werden mit Fakten belegt, Quellen für Informationen genannt.

Diese Arbeits- und Kommunikationsregeln für eine erfolgreiche Netzwerkarbeit können sich in einer Selbstverpflichtung widerspiegeln oder auch Teil des Leitbilds sein. Sie sollten auf jeden Fall schriftlich fixiert werden. Darüber hinaus kann es sinnvoll sein, dass alle Netzwerkmitglieder eine Selbstverpflichtung unterzeichnen, in der sie erklären, dass sie die Vision und die Ziele des Netzwerks aktiv verfolgen und den Willen zur gemeinsamen Umsetzung bekunden. Die schriftliche Erklärung erreicht ein subjektiv höheres Maß an Verpflichtung und hilft, „Lippenbekenntnissen" vorzubeugen. Manche Netzwerke erarbeiten eine eigene Geschäftsordnung (siehe Kap. 2.6).

2.3.5 Geschäftsordnung

Während die Form des gewollt losen Zusammenschlusses einzelner Akteure häufig ganz ohne schriftliche Vereinbarungen auskommt, hat sich in der Praxis die Arbeit mit Kooperationsvereinbarungen bzw. „Geschäftsordnungen" bewährt. Wenn ein Verein gegründet wird (wie in Kap. 2.6 beschrieben), ist es Pflicht, eine Satzung zu erstellen. Eine Geschäftsordnung füllt die Vereinssatzung mit Leben und sollte zur Erleichterung der Arbeit des Netzwerkmanagements erstellt werden. In der Geschäftsordnung sollten die Ziele des Netzwerks benannt werden. Zudem können mit der Mitgliedschaft verbundene Rechte und Pflichten der Netzwerkpartner niedergelegt, die verschiedenen Gremien und deren Funktionen beschrieben und das Procedere bei Entscheidungen und Abstimmungen dargestellt werden. Sinnvoll ist auch, das Verfahren über die Aufnahme weiterer Netzwerkmitglieder zu fixieren und entsprechende Verfahrensregelungen für Austritte zu treffen. Die Arbeits- und Kommunikationsregeln können ebenfalls Eingang in die Geschäftsordnung finden.

Auch die Aufgaben und Verantwortungsbereiche innerhalb des Netzwerks sollten in der Geschäftsordnung vereinbart werden. Wesentlich ist die Rolle des Sprechers oder der Sprecherin, der oder die das Netzwerk nach außen vertritt. Wenn viele renommierte Persönlichkeiten am Netzwerk partizipieren, kann es ebenso von Vorteil sein, eine Person mit Sprecherfunktion zu wählen, die sich eher durch Unabhängigkeit auszeichnet als durch Prominenz – das hängt jedoch vom Ziel der Netzwerkarbeit ab. Wenn das Hauptanliegen ist, beispielsweise Spenden zu sammeln, hat der „Prominenzfaktor" mehr Gewicht. Die Unterzeichnung der Geschäftsordnung sollte im Rahmen der Gründungsveranstaltung öffentlichkeitswirksam erfolgen.

2.4 Gründungsveranstaltung

Wenn die vorbereitenden Arbeitsschritte abgeschlossen sind und das Netzwerk formal gegründet werden kann, ist die Gründungsveranstaltung vorzubereiten und durchzuführen. Die notwendigen Vorbereitungen entsprechen denjenigen für den Auftaktworkshop. Der Zeitpunkt sollte so gewählt sein, dass er für die Herstellung von Öffentlichkeit günstig ist, also am späten Vormittag. Dieser Zeitpunkt gewährleistet, dass Journalisten an der Gründungsveranstaltung teilnehmen können und sie entsprechend zeitnah aufbereiten können. Dazu sollten nicht nur eine Ankündigung für die Presse vorbereitet werden, sondern auch eine entsprechende Pressemitteilung für den Veranstaltungstag, damit die Journalisten die wichtigsten Fakten schriftlich haben und nachlesen können bzw. auch die Presse berichten kann, die nicht bei der Pressekonferenz vor Ort dabei ist (vgl. Kapitel 4).

Zudem ist bei der Gründungsveranstaltung wichtig aufzuzeigen, welche Einrichtungen und Institutionen bzw. Einzelpersonen (z.B. durch Kurzportraits in den Pressemappen) Mitglieder des Netzwerks sind. Dadurch kann der Öffentlichkeit der Kooperationswille und die hohe Relevanz des Themas aufgezeigt werden. Hier entsteht häufig der Effekt, dass andere noch mit auf den „Zug" aufspringen wollen.

Der offizielle Charakter der Gründungsveranstaltung hat darüber hinaus Signalwirkung nach innen und außen. Nach innen werden sich die Netzwerkpartner noch einmal bewusst, welche Verpflichtung sie eingehen. Nach außen ist sie ein

Signal an die Öffentlichkeit, dass ein bedeutendes Thema von einer Gruppe mit hoher Kompetenz intersektoral und multiprofessionell aufgegriffen wird.

Das Unterschreiben einer Geschäftsordnung und die schriftliche Selbstverpflichtung eignen sich zu einer medienwirksamen Aufbereitung, insbesondere dann, wenn wichtige Persönlichkeiten wie z.b. der Oberbürgermeister einer Stadt mit unterschreiben. Das sichert das breite öffentliche Interesse.

Um das Netzwerk im nächsten Schritt auch der Öffentlichkeit – also interessierten Bürgerinnen und Bürgern – nahe zu bringen und den Akteuren vorzustellen, bietet es sich an, die Gründung des Netzwerks in eine Kick-off-Veranstaltung münden zu lassen. Hierzu sollte eine breite Öffentlichkeit eingeladen werden.

2.5 Kick-off

Die Kick-off-Veranstaltung ist das faktische Startsignal. Das Netzwerk ist gegründet, die vorbereitenden Arbeitsschritte sind vollbracht, die einzelnen Arbeitsprozesse und Maßnahmen bzw. Teilprojekte können in Angriff genommen werden. Das alles interessiert die Öffentlichkeit. Mit einer halbtägigen Veranstaltung können interessierte Bürger, Fachkräfte, Multiplikatoren etc. über Sinn und Zweck des Netzwerks aufgeklärt werden. Begleitende Flyer mit entsprechenden Erläuterungen und Kontaktadressen machen das Anliegen bekannt. Wesentliche Akteure sollen die Gelegenheit bekommen, sich der Öffentlichkeit zu präsentieren. Das gemeinsame Anliegen wie die Ziele sollte dabei stets Mittelpunkt stehen. Die Kick-off-Veranstaltung bietet die Möglichkeit mit der Zielgruppe in den Dialog zu treten, diese Chance sollte genutzt werden, um den ersten Schritt der Partizipation zu vollziehen.

Darüber hinaus kann eine Kick-off-Veranstaltung dazu beitragen, dass bisher nicht erkannte Stakeholder identifiziert werden können und auf diesem Wege ebenfalls die Möglichkeit der Partizipation erhalten.

2.6 Rechtsformen

Grundsätzlich gilt, dass es nicht der Schaffung einer speziellen Rechtsform bedarf, um ein Netzwerk zu gründen und zusammen zu arbeiten. Die meisten Netzwerke funktionieren als freiwilliger und loser Zusammenschluss verschiedener Akteure bei gemeinsam festgelegten Zielen, der auf einen längeren Zeitraum angelegt ist. Ein solcher Zusammenschluss führt im Deutschen Rechtssystem automatisch zu einer Rechtsform, einer sog. **Gesellschaft bürgerlichen Rechts** – kurz GbR. Die

Gesellschaft bürgerlichen Rechts[5], ist ein Zusammenschluss von mindestens zwei natürlichen und/oder juristischen Personen[6], um einen gemeinsamen, beliebigen Zweck zu erreichen. Sie kann sich nicht in kaufmännischer Weise betätigen. Vorteile eines Netzwerks in Form der GbR sind:

- Eine Mindestkapitalausstattung ist nicht vorgesehen.
- Ein Eintrag ins Handelsregister ist nicht erforderlich.
- Die Gründung ist sehr einfach.
- Die Gesellschafter verfügen über weitgehende Einflussmöglichkeiten.

Dem stehen allerdings auch wesentliche Nachteile entgegen:
Die Geschäftsführung steht den Gesellschaftern gemeinschaftlich zu; mit der Folge, dass für jedes Geschäft die Zustimmung aller erforderlich ist.

- Das Vermögen ist gesamthänderisch[7] gebunden, eine Teilbarkeit oder Verfügbarkeit über Anteile ist nicht gegeben.
- Bei Aufnahme neuer Gesellschafter verändern sich die Einflussmöglichkeiten der ursprünglichen Akteure.
- Die Gesellschafter haften unbeschränkt und unmittelbar als solidarische Gesamtschuldner.

Diese grundsätzlichen Bestimmungen können allerdings teilweise durch vertragliche Vereinbarung geändert werden.

---

5 GbR oder auch BGB-Gesellschaft, ausführlich z.B. bei www.foerderland.de
6 Vgl. §§ 21 ff. BGB. Juristische Personen sind eingetragene Vereine, Kapitalgesellschaften, Genossenschaften und Stiftungen.
7 Diese Bestimmung kann durch vertragliche Vereinbarung geändert werden.

2 Initiierung von Netzwerken

Abb. 13 Übersicht Zweckbestimmungen

Eine Förderung der Allgemeinheit ist nicht gegeben, wenn der Kreis der Personen, dem die Förderung zugutekommt, fest abgeschlossen ist oder infolge seiner Abgrenzung dauernd nur klein sein kann.
Selbstlosigkeit liegt nur dann vor, wenn

- die Mittel nur für die satzungsmäßigen Zwecke verwendet werden. Zuwendungen an Mitglieder und die Förderung politischer Parteien sind unzulässig.
- die vereinnahmten Mittel grundsätzlich laufend (zeitnah) für die satzungsmäßigen Zwecke verausgabt werden. Ausnahmen sind aber z.B. Zuwendungen von Todes wegen und Sachzuwendungen.
- die wirtschaftliche Betätigung kein Selbstzweck ist. Die selbstlose Förderung gemeinnütziger Zwecke darf nicht nur ein Ziel unter anderen sein.
- die steuerbegünstigten Ziele grundsätzlich unmittelbar selbst in eigenem Namen verfolgt werden.

Die Gemeinnützigkeit ist mit Steuervergünstigungen bei allen wichtigen Steuerarten verbunden:

- Zweckbetriebe sind von der Körperschaft- und Gewerbesteuer befreit;
- Wirtschaftliche Geschäftsbetriebe, die keine Zweckbetriebe sind, sind von der Körperschaft- und Gewerbesteuer befreit, wenn die Einnahmen insgesamt 35.000 € im Jahr nicht übersteigen;
- Die Umsätze der Zweckbetriebe werden mit dem ermäßigten Steuersatz bei der Umsatzsteuer belegt;
- Befreiung von der Grund- und Erbschaft-/Schenkungsteuer und vom Zinsabschlag auf Kapitalerträge;
- Bestimmte nebenberufliche Tätigkeiten im gemeinnützigen Bereich sind nach § 3 Nr. 26 bzw. 26 a EStG steuerbefreit.

Unentgeltliche Zuwendungen können als **Spendenabzug** bei der Einkommensteuer (§ 10b Abs. 1 EStG) bzw. bei der Körperschaftsteuer (§ 9 Abs. 1 Nr. 2 KStG) geltend gemacht werden. Dazu muss eine Zuwendungsbestätigung vorgelegt werden. Lediglich bei Spenden bis 200,00 € ist keine Bestätigung erforderlich.

Für Netzwerke, die größere Summen von Fördermitteln erhalten und verwalten müssen, kann die Schaffung einer eigenen Rechtspersönlichkeit einerseits mehr Rechtssicherheit geben und andererseits die Abwicklung erleichtern, da beispielsweise ein Verein in der Regel wesentlich einfacher über Einnahmen und Ausgaben entscheiden und diese verbuchen kann als etwa ein einzelner Fachbereich einer Kommunalverwaltung. Darüber hinaus kann sie im Umgang mit anderen Institutionen und insbesondere bei einer Leistungserbringung für andere Institutionen Unsicherheiten im Umgang miteinander erheblich erleichtern.

Als **Verein** bezeichnet man einen freiwilligen und auf Dauer angelegten Zusammenschluss von natürlichen und/oder juristischen Personen zur Verfolgung eines bestimmten Zwecks. Er ist vom Wechsel der Mitglieder unabhängig, soll aber aus mindestens sieben Mitgliedern bestehen.

Eingetragene Vereine dürfen keinen wirtschaftlichen Zweck verfolgen. Sie sind als juristische Personen voll rechtsfähig, können also selbst Rechtsgeschäfte tätigen sowie klagen und verklagt werden. Die Mitglieder wählen einen Vorstand, der den Verein nach außen vertritt.

Für ein Netzwerk kann ein gemeinnütziger Verein eine interessante Form darstellen. Die Gemeinnützigkeit wird beim zuständigen Finanzamt beantragt. Es überprüft die Voraussetzungen der Gemeinnützigkeit in der Regel alle drei Jahre.

Gemeinnützigkeit liegt vor, wenn nach Satzung und tatsächlicher Geschäftsführung ausschließlich und unmittelbar die Allgemeinheit durch die Verfolgung gemeinnütziger, mildtätiger oder kirchlicher Zweck selbstlos gefördert wird.

Eine Vereinsgründung lässt sich mit verhältnismäßig geringem Aufwand in die Wege leiten. Die Formulierung einer eigenen Satzung hingegen, die gegebenenfalls auch noch den Aspekt der Gemeinnützigkeit erfüllt, ist aufwändig und sollte gut vorbereitet sein[8].

Wesentliche Phasen des Netzwerkaufbaus im Überblick:

Vorbereitungsphase:
- Entwicklung einer Vision
- Analyse Ist-Zustand (vgl. Kapitel 5) (Wie ist die Situation vor Ort?)
- Analyse Stakeholder (Welche Partner müssen wie eingebunden werden?)
- Entwurf Netzwerkstruktur (Welche Arbeitsstrukturen und Gremien benötigt das Netzwerk?)

Initiierungsphase:
- Aktivierung und Motivation der Akteure/Stakeholder
- Klärung und Festlegung der Ziele (Entwurf Evaluationsdesign)
- Klärung und Festlegung der Arbeitsstrukturen/Rechtsform (Konsens über die Arbeitsstrukturen im Netzwerk erzielen)
- Klärung und Festlegung von Verantwortlichkeiten und Aufgaben/Rollen
- Einigung auf Arbeits- und Kommunikationsregeln
- Einigung mit allen Netzwerkpartnern auf Kooperationsvereinbarung oder Selbstverpflichtung (Geschäftsordnung)
- Gemeinsame Gründungs- und Kick-off-Veranstaltung

---

8 www.akademie.de/direkt?pid=43532&tid=11598, (Stand: 30.12.2012)

3 Netzwerkmanagement

Im Rahmen der Initiierungsphase eines Netzwerks (siehe Kap. 2) ist es vor allem wichtig, die „richtigen" Partner zu identifizieren und für die Mitarbeit im Netzwerk zu gewinnen. Kriterien für die Auswahl geeigneter Netzwerkpartner sind im vorangegangenen Kapitel aufgezeigt worden. Wie diese an das Netzwerk gebunden werden können, gehört u.a. zu den Aufgaben des Netzwerkmanagements und soll im Folgenden in den Fokus genommen werden.

3.1 Struktur und Dimensionen des Netzwerkmanagements

Entsprechend des zu Beginn aufgezeigten Ebenen-Modells (vgl. Kap. 1.2) lassen sich grundsätzlich verschiedene zentrale Aufgabenbereiche in der Netzwerkarbeit definieren:

- **Netzwerkplanung, -koordination und -organisation** inklusive der erforderlichen administrativen Aufgaben. Dieser Aufgabenkomplex findet sich in der Regel beim Netzwerkmanagement wieder und wird durch die Steuerungsgruppe verantwortet. Daher sollte der Austausch zwischen Netzwerkmanagement und Steuerungsgruppe in regelmäßigen Abständen erfolgen. Kommunikative, organisatorische und administrative Aufgaben stehen hier im Vordergrund. Die erste Dimension umfasst damit die Aufgaben auf der Planungs-, Institutions- und Strukturebene.
- **Umsetzung** geplanter Aktivitäten und Maßnahmen zur Zielerreichung, die häufig von Netzwerkpartnern übernommen werden, die dafür notwendige Ressourcen bereitstellen oder bereitgestellt bekommen und den Zugang zur Zielgruppe sowie die erforderliche Infrastruktur (z.B. Sporthalle, Beratungs- oder Seminarräume) sicherstellen können. Diesen Netzwerkpartnern kann die Verantwortung für die Durchführung von bestimmten Maßnahmen übertragen werden. Je nach Komplexität des Netzwerks und Anzahl der Maßnahmen, kann es sinnvoll sein, ein entsprechendes Controlling beim Netzwerkmanagement anzusiedeln. Die zweite Dimension umfasst den gesamten Bereich der Handlungsebene.
- **Evaluation/Wissenschaftliche Begleitung** – Da die wissenschaftliche Begleitung und Beratung inkl. der Evaluation auf allen Ebenen erfolgen und die verschiedenen Dimensionen des Netzwerks erfassen sollte, stellt dieser Bereich seine ganz eigenen Anforderungen und sollte möglichst unbeeinflusst von den anderen Aktivitäten erfolgen. Die Evaluation kann beispielsweise in Form ei-

3 Netzwerkmanagement

nes externen Auftrags vergeben werden. Das bedeutet jedoch nicht, dass die Vorgehensweise nicht in enger Abstimmung mit dem Netzwerkmanagement erfolgen sollte. Im Gegenteil, da davon auszugehen ist, dass das Netzwerkmanagement den besten Überblick über alle Handlungsstränge und Aktivitäten hat, ist es ratsam, die Strategie der Netzwerk-Evaluation eng mit dem Netzwerkmanagement abzustimmen. Die dritte Dimension umfasst damit alle Aufgaben und Bereiche der Netzwerkevaluation.

Auch, wenn das Netzwerkmanagement nicht alle Aufgaben selbst übernehmen kann und soll, so kommt ihm doch eine ganz zentrale Bedeutung zu. Es wird deutlich, dass neben den originären Aufgaben in den Bereichen Kommunikation, Organisation und Administration, die Schnittstellen sowohl zwischen Netzwerkmanagement und Handlungsebene als auch der Evaluation beträchtlich sind, wie die folgende Grafik verdeutlicht.

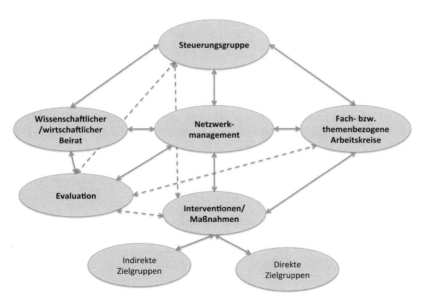

Abb. 14 Strukturen und Dimensionen der Netzwerkarbeit

Diese komplexe Aufgabe, Partner zusammen zu halten und den Kommunikationsfluss in alle Richtungen zu gewährleisten, kann nur gelingen, wenn u.a. folgende grundlegende Voraussetzungen zur Netzwerkarbeit erfüllt sind:

- Qualifiziertes und kompetentes Personal und Organisationen, die in bestimmten Handlungsfeldern praxiserprobt sind, stehen zur Verfügung.
- Bereitschaft und Fähigkeit zur partnerschaftlichen Zusammenarbeit.
- Die Kompetenz, diskursive Prozesse auf unterschiedlichen Ebenen und in unterschiedlichen Bereichen und Sozialräumen zu koordinieren, ist vorhanden.
- Schaffung einer Vertrauensbasis der Netzwerkmitglieder untereinander und zum Netzwerkmanagement z.b. durch Zuverlässigkeit und Anerkennung der Interessen und Autonomie der Netzwerkpartner.
- Selbstverpflichtung aller zur Erreichung des angestrebten Ziels (z.b. mithilfe eines Kontraktmanagements – inkl. der Festlegung der Bereitstellung von Ressourcen und Übernahme von bestimmten Aufgaben).
- Bereitschaft und Fähigkeit, konstruktive Kritik annehmen zu können (Frustrationstoleranz) und erreichte Problemlösungen nach außen offensiv zu vertreten.
- Vereinbarung von Konflikt- und Feedbackregeln (z.b. für die Arbeit in Arbeitsgruppen oder anderen Gremien).

3.2 Management in der professionellen Netzwerkarbeit

Durch Übernahme verschiedener Managementinstrumente in den Bereich der Netzwerkarbeit sollen Prozesse und Abläufe professionalisiert und optimiert werden. Der Einsatz der Managementinstrumente soll Kosteneinsparungen, Effizienz- und Produktivitätssteigerungen und eine Verbesserung der Leistungsqualität bewirken. Da die Strukturen in Netzwerken komplex und die Hierarchien flach sind, müssen die Instrumente auf die Rahmenbedingungen angepasst werden und können nicht immer 1:1 umgesetzt werden.

„Der Managementprozess beschreibt die Steuerung der Prozesse in Organisationen, die von den Managern definiert und beeinflusst werden. Er kann sich auf die gesamte Organisation beziehen oder nur auf Teilbereiche. Er ist grundsätzlich ergebnisorientiert" (Nicolini, 2012: 37).

Der Managementbegriff umfasst dabei also verschiedene Handlungsebenen: Einerseits soll das Management zielgerichtet handeln und andererseits die Verbindungen, Interessen und verschiedenen Knoten des Netzwerks berücksichtigen und darüber hinaus den Prozess partizipativ gestalten. Diese Anforderungen an das Netzwerkmanagement sind besonders anspruchsvoll, da sie in großen Netzwerken häufig konträr zueinander verlaufen. Für das Netzwerkmanagement ist es hilfreich, sich an dem Managementkreis (vgl. Abb. 12) zu orientieren, um die anfallenden Aufgaben sinnvoll zu strukturieren und prozessorientiert aufzuteilen.

Abb. 15 Managementkreis der Aufgaben (Nicolini, 2012: 37)

Dem Managementkreis folgend werden zunächst konkrete, nachprüfbare Ziele bestimmt (vgl. Kap. 2). Dies geschieht in den Arbeitskreisen und der Steuerungsgruppe. Das Netzwerkmanagement kann dazu entsprechende Planungs- und Handlungsvorschläge erarbeiten, die mit den verschiedenen Gremien diskutiert und abgestimmt werden müssen. Die Umsetzung der Planung erfolgt u.a. durch die Festlegung der Strukturen und Prozesse (vgl. Kap. 1). Bestimmte Aufgabenbereiche werden dabei beispielsweise einzelnen Netzwerkpartnern zugeordnet. Dazu ist es notwendig, diese zu motivieren und zu unterstützen, da das Netzwerkmanagement den Überblick über alle Teilbereiche hat und hier alle Informationen zusammenfließen.

Darüber hinaus ist das Netzwerkmanagement zuständig für alle organisatorischen Prozesse wie z.b. Sitzungsvor- und Nachbereitung, die Sicherstellung des Informationsflusses in alle Richtungen sowie die Aufrechterhaltung des Kontakts zu den Netzwerkpartnern.

Ein Großteil der Managementaufgaben in einem Netzwerk fällt in den Bereich des Führens und Motivierens. Aber auch Konfliktlösung zählt zu diesen Aufgaben. Daher stellt insbesondere die Kommunikationsfähigkeit die zentrale Kompetenz für das Netzwerkmanagement dar.

Außerdem sollte das Management regelmäßig die planmäßige Umsetzung von Maßnahmen kontrollieren, die der Zielerreichung dienen. Die Voraussetzung zur Erreichung der Ziele ist eine permanente zielorientierte Kontrolle der Maßnahmen unter Berücksichtigung der Umwelt und Rahmenbedingungen, in der das Netzwerk agiert. Hier ist eine regelmäßige Abwägung der Chancen und Risiken sowie Stärken und Schwächen mittels einer SWOT-Analyse (vgl. Kap. 3.4.4) hilfreich. Durch die Kontrolle wird festgestellt, ob die Planungsziele erreicht werden konnten. Das Ergebnis fließt in die Planung des nächsten Zyklus des Managementprozesses ein. Die Überprüfung ob und wie die Ziele auf den unterschiedlichen Ebenen letztlich erreicht werden, diese Aufgabe sollte der Netzwerkevaluation übertragen werden (siehe Kap. 5). Die Bewertung der Evaluationsergebnisse sollte gemeinsam mit der Steuerungsgruppe erfolgen, um Konsequenzen für die Ausrichtung der Netzwerkarbeit vornehmen zu können. Dabei sollte die Unabhängigkeit der Evaluation gewahrt bleiben.

Das Netzwerkmanagement bezeichnet die Lenkung von Arbeitsabläufen und umfasst dabei die Koordination aller planenden, organisierenden und koordinierenden Tätigkeiten, die sich gegenseitig beeinflussen.

3.3 Rolle und Bedeutung des Netzwerkmanagements

Damit hat das Netzwerkmanagement eine funktionale Führungsposition, deren Aufgabe es ist, Maßnahmenpläne zu entwickeln, die Umsetzung zu koordinieren und zu kontrollieren und darüber hinaus die Netzwerkpartner zu motivieren. Die Rolle des Netzwerkmanagements und seine Bedeutung sind damit zentral für das Funktionieren des gesamten Netzwerks und das Miteinander der Partner. Die Person (oder die Personen), die diese Aufgabe übernimmt, ist Integrationsfigur und Interessenvermittlerin zugleich. Sie initiiert, moderiert und begleitet die Prozesse in einem Netzwerk. In großen Netzwerken sollte es mehr als eine Person für das Netzwerkmanagement geben, da erstens das Aufgabenfeld sehr umfangreich und zweitens der Know-how-Verlust für das Netzwerk sehr groß ist, wenn nur eine Person alle Abläufe kennt. Das Wissensmanagement wird in Netzwerken selten so professionell betrieben, dass ein Wechsel des Netzwerkmanagements ohne Reibungsverluste verläuft.

„Bei der Durchführung der Netzwerkarbeit vor Ort ist die Einrichtung einer Projekt- bzw. Netzwerksteuerungsgruppe, die die Durchführung der konkreten Arbeit im Netzwerk koordiniert, steuert und kontrolliert, von zentraler Bedeutung. Sie hat die Aufgabe, ein fachliches und ökonomisches Netzwerkcontrolling zu gewährleisten, das auf mehreren Ebenen die Netzwerkoffenheit sichern soll. Hierzu gehört gegenüber den Zuwendungsgebern die laufende Überprüfung, ob der Mitteleinsatz bezogen auf die Netzwerkziele effizient und effektiv geschieht (Legitimation nach außen). Bei der Sicherung der Legitimität nach innen steht die Frage im Vordergrund, inwieweit die Netzwerkqualität dem Anspruch der Offenheit entspricht, die Integration neuer Partner zulässt und damit die Arbeit vor Ort nicht in einer anderen Form der Versäulung wieder erstarrt" (Groß, 2006: 5 f.).

Die eigene Verortung und die Rollenklärung des Netzwerkmanagements ist die Voraussetzung dafür, dass die Zusammenarbeit mit den anderen Akteuren erfolgreich ist. Nur, wenn die eigene Rolle definiert ist, kann das Zusammenspiel der verschieden Aufgabenbereiche gelingen. Drei zentrale Rollen werden hier kurz genannt:

- Der „**Star**" ist das Zentrum der Interaktionen; er kann viele Verbindungen aufweisen und kann für wesentliche Impulse Sorge tragen.
- Die „**Brücke**" kann Verbindungen zwischen verschiedenen Sektoren des Netzwerks herstellen, weil sie selbst dort jeweils Akteur ist oder über entsprechende Verbindungen verfügt.
- Der „**Türsteher**" sichert den Informationsfluss von und zu Dritten, die nicht zu den eigentlichen Netzwerkakteuren gehören. Das kann durch Kommunikation mit anderen Personen, Institutionen oder Netzwerken geschehen, aber auch durch gezielte Informationsbeschaffung.

Das Netzwerkmanagement ist eine anspruchsvolle Aufgabe, weil bei der Netzwerkarbeit die Bedeutung hierarchischer Strukturen abnimmt und dezentrale Verantwortungsstrukturen an Bedeutung gewinnen. Das hat zur Folge, dass eine kontinuierliche Verständigung über gemeinsame Problemdefinitionen, Lösungsmöglichkeiten und Handlungsziele stattfinden muss. Daher nimmt die Kommunikationskompetenz auch einen großen Stellenwert in der Netzwerkarbeit ein. Je größer das Netzwerk ist, desto größer wird damit auch die Herausforderung für das Netzwerkmanagement.

3.4 Kompetenzen des Netzwerkmanagements

Ein Netzwerk zu managen setzt viele verschiedene Managementfähigkeiten voraus. Dazu zählen Fähigkeiten, die nach innen orientiert sind, wie z.b. das interne Kommunikations- und Informationsmanagement sowie das Konfliktmanagement. An den Schnittstellen nach außen wirken das öffentliche Kommunikationsmanagement sowie das Zeit- und Projektmanagement. Die Personen, die das Netzwerkmanagement übernehmen, sollten daher einerseits fachkompetent sein, zumindest insofern als sie alle Themen in Gänze verstehen und bearbeiten können. Das bedeutet, sie müssen keine Spezialisten in diesem Themenfeld sein, aber einen guten Überblick über die Thematik haben. Andererseits sollten sie über kommunikative und moderierende Kompetenzen verfügen, um mit allen Partnern gleichermaßen zurechtzukommen. Organisatorische Kompetenzen und betriebswirtschaftliches Know-how runden das Kompetenzprofil von professionellen Netzwerkmanagern ab.

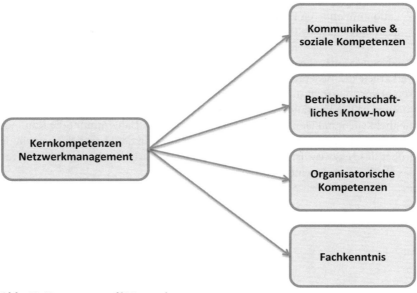

Abb. 16 Kompetenzprofil Netzwerkmanagement

3.5 Aufgaben und Instrumente des Netzwerkmanagements

Beim Netzwerkmanagement laufen alle Fäden zusammen. Hier ist die zentrale Stelle, die den Überblick darüber haben muss, wer wann was macht und ggf. kontrolliert, ob beispielsweise Zeitpläne eingehalten werden (können). Daher lassen sich die konkreten Aufgaben bzw. Kompetenzbereiche wie folgt einteilen:

- Koordination,
- Kommunikation, Moderation und Konfliktmanagement,
- Organisation und Administration,
- Controlling,
- Service.

3.5.1 Koordination von Netzwerkarbeit

Die Koordination von großen Netzwerken, die beim Netzwerkmanagement angesiedelt ist, ist eine sehr anspruchsvolle Aufgabe, da viele verschiedene Netzwerkpartner mit unterschiedlichen Rollen und Aufgaben zusammenarbeiten und gemeinsam mehrere definierte Ziele erreicht werden sollen. Aus dem Projektmanagement sind insbesondere die klaren Formulierungen von Haupt- und Teilzielen zu übernehmen. Daraus lassen sich Arbeitspakete ableiten, die die zur Erreichung eines Teilziels notwendigen Aufgaben bündeln und deren Abschluss terminlich und inhaltlich mit einem Meilenstein markieren. Bei der Terminierung der Meilensteine und Aufgabenbeschreibung muss das Netzwerkmanagement die Chronologie der Aufgaben im Blick behalten. Hinzu kommt die konsequente Planung und Prüfung des Ressourceneinsatzes (personell, sachlich, finanziell).

Um eine solche Struktur sinnvoll abbilden und einen Überblick über anstehende Maßnahmen und ihren Beitrag zur Zielerreichung überblicken zu können, ist es sinnvoll, mit einem **Netzwerk-Maßnahmen-Plan** (ähnlich einem Projektstrukturplan) zu arbeiten.

Der **Netzwerk-Maßnahmen-Plan** systematisiert die Ziele, Teilziele und Aufgaben und leitet daraus Arbeitspakete bzw. Maßnahmen ab. Darüber hinaus gliedert er alle im Netzwerk auszuführenden Tätigkeiten zeitlich und sachlich nach verschiedenen Kriterien in Haupt- und Teilaufgaben. Er erfasst, welche Bereiche wann evaluiert werden und wann die Ergebnisse vorliegen sollen. Auch unterschiedliche Zuständigkeiten und Verantwortungsbereiche werden eingetragen. Auf diese Weise wird die Vorgehensweise für alle Beteiligten transparent gemacht und Missverständnisse vermieden.

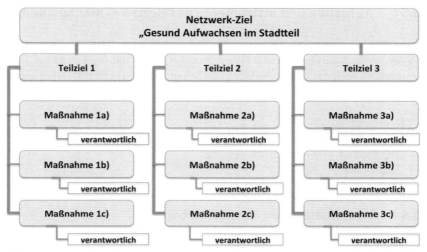

Abb. 17 Netzwerk-Maßnahmen-Plan

Um praktikabel damit arbeiten zu können ist es sinnvoll z.b. den Akteuren den Netzwerk-Maßnahmen-Plan als „Tool" zur Verfügung zu stellen. Es bietet sich an, ihn in eine (Excel-)Tabelle zu übertragen und mit Namen-, Daten- und Zielerreichungsspalten zu versehen. Eine Meilensteinplanung sollte in den Netzwerk-Maßnahmen-Plan intergiert werden, damit auf einen Blick sichtbar wird, welche (Teil-)Ziele bereits erreicht sind.

Der Netzwerk-Maßnahmen-Plan beschreibt damit die Anordnung der einzelnen Maßnahmen im zeitlichen Ablauf und spiegelt gegenseitige Abhängigkeiten der Arbeitsschritte wider. Die Beziehungen der Maßnahmen zu Verantwortlichkeiten, Material-, Raum- und Zeitplanung müssen ebenso berücksichtigt werden, wie externe Bedingungen, z.B. Ferien- und Urlaubszeit, die insbesondere bei Maßnahmen in Kitas und Schule eine große Rolle spielen.

Kritisch sind die Meilensteine, die zeigen, ob bestimmte Maßnahmen durchgeführt wurden oder die geplanten Teilziele zu einer bestimmten Zeit erreicht sind oder nicht.

Die Meilensteine sollten zeitlich so gestaffelt werden, dass einerseits die Häufung von Terminen zu einer bestimmten Zeit vermieden wird und andererseits eine Einbindung in die anderen Prozesse der Netzwerkarbeit möglich ist. Die Meilensteine bieten sich somit auch als Kontrollmöglichkeiten an, weil sie auch die Zeitpunkte beschreiben, an denen über die weitere Entwicklung oder Neuausrichtung des Netzwerks entschieden werden muss.

Bei der Arbeit an den Zielen und der Entwicklung von Ideen, können schon erste Überlegungen über die Strukturierung der eigentlichen Netzwerkarbeit und über die Rollen und Aufgaben, die bestimmte Personen dabei übernehmen könnten, angestellt werden. Der Netzwerk-Maßnahmen-Plan sollte die personellen Ressourcen berücksichtigen, damit die Maßnahmen von arbeitsfähigen und motivierten Netzwerkpartnern durchgeführt werden können.

Erst die sorgfältige und realistische Aufstellung der Prozessablaufplanung sichert die fristgerechte Abwicklung der Maßnahmen zur Erreichung der selbst gesteckten Ziele.

3.5.2 Moderation von Netzwerken

Das Netzwerkmanagement hat die Funktion, die „Investitionen" der Netzwerkpartner mit Blick auf das Ziel der Netzwerkarbeit zu koordinieren. Gleichzeitig unterstützt das Netzwerkmanagement die „Beziehungsarbeit" zwischen den einzelnen Netzwerkpartnern, um nicht nur Knotenpunkt zwischen verschiedenen Stakeholdern zu sein, sondern Querverbindungen zwischen den Partnern zu vermitteln, die durchaus unterschiedlich stark ausgeprägt sein können (vgl. Feld, 2011).

Dazu tragen

- eine offene und transparente Informations- und Kommunikationskultur sowie
- ein gemeinsames Wissensmanagement,
- die Einbeziehung (Partizipation) aller Beteiligten,
- Absprachen über die Arbeitsweise und die Rollen innerhalb des Netzwerks
- und eine konstruktive Streitkultur (Konfliktmanagement) bei.

Da das Netzwerkmanagement als herausragende Aufgabe hat, Netzwerkpartner, die typischerweise aus unterschiedlichen Arbeitsgebieten stammen, zu einem kooperativen „Team" zusammenzuführen, kommt der „Ansprache" ein besonderer Stellenwert zu. Die Treffen der Arbeitsgruppen bieten dafür eine gute Plattform. In der Netzwerkarbeit stellt ein kooperatives Miteinander einen zentralen Erfolgsfaktor für die gemeinsame Arbeit dar. Die zahlreichen Gesprächs- und Sitzungsleitungen in kleinen und großen Arbeitsgruppen erfordern eine hohe Moderationskompetenz, die gleichermaßen alle Beteiligten in die Prozesse einbinden und Konflikte zielorientiert lösen kann. Die Moderationsrolle wird in Netzwerken häufig vom Netzwerkmanagement übernommen, kann jedoch auch delegiert werden. So kann entweder eine externe Moderationsleistung eingekauft werden oder Netzwerkpartner übernehmen diese Rolle, wobei dies nicht ganz einfach ist, weil sie in der Regel Eigeninteressen vertreten und somit nicht die notwendige Neutralität für die Moderation mitbringen. Wenn die Moderation abgegeben wird, ist es jedoch dringend erforderlich, dass eine enge Abstimmung zwischen Moderation und Netzwerkmanagement stattfindet.

Moderation von Arbeitsgruppen
Die Moderationsmethode ist eine definierte Vorgehensweise, die zur Strukturierung und Visualisierung beispielsweise von Besprechungen in Arbeitsgruppen, Diskussionen, Workshops etc. beiträgt und daher für die Netzwerkarbeit ein geeignetes Mittel zur Beteiligung darstellt. Der Moderationsprozess ermöglicht unter der Leitung einer Moderatorin oder eines Moderators eine Meinungs- bzw. Willensbildung innerhalb einer Gruppe, ohne dass die Moderation dabei inhaltlich Einfluss nimmt. Das Netzwerkmanagement kann diese Rolle nutzen, um das gegenseitige Vertrauen zu stärken.

a)   Moderation zur aktiven Beteiligung der Netzwerkpartner
Die Moderation hat die Aufgabe, ein Gleichgewicht herzustellen zwischen den unterschiedlichen Bedürfnissen der Teilnehmer, den Netzwerkbedürfnissen und den inhaltlichen Zielen. Sie dient dabei der konkreten Themenbearbeitung, Problemlösung und damit der Erreichung von Zielen. Wenn es gelingt, eine sachgerechte und gleichzeitig lösungsorientierte Arbeitsatmosphäre herzustellen, trägt die Moderation entscheidend zur Arbeitsfähigkeit der verschiedenen Arbeitsgruppen bei und leistet somit einen wesentlichen Beitrag zu den inhaltlichen Arbeitsergebnissen der verschiedenen Gremien. Insbesondere in Konsensprozessen liegt die Stärke der Moderationsmethode, daher gehört sie zu den Kernkompetenzen des Netzwerkmanagements. Die Moderation von Arbeitsgruppen folgt dabei immer einem bestimmten Schema, dem sog. Moderationszyklus (vgl. Seifert, 2004), der sich in sechs Phasen gliedert:

Abb. 18 Moderationszyklus (vgl. Seifert, 2004)

Die einzelnen Phasen können dabei sehr unterschiedlich ablaufen, je nach Arbeitsziel und Zusammensetzung der Gruppe. Da bei der Netzwerkarbeit davon auszugehen ist, dass sich die Gruppenmitglieder zukünftig regelmäßig sehen, ist insbesondere ein längerer Zeitraum für das gegenseitige Kennenlernen (Einstieg) einzuplanen. So gibt es diverse Variablen, die die unterschiedlichen Moderationsphasen beeinflussen und bestimmen, wie viel Raum bzw. Zeit die jeweilige Phase einnimmt. Im Folgenden werden die einzelnen Arbeitsphasen der Moderation kurz erläutert und die jeweiligen Methoden und Techniken, die der Moderation dafür zur Verfügung stehen, beschrieben (vgl. Nicolini, Quilling, 2010).

Phase 1 – Einstieg in die Moderation
In der Einstiegsphase geht es darum, z.B. das gemeinsame Treffen zu eröffnen, die Teilnehmer zu begrüßen, eine positive Arbeitsatmosphäre zu schaffen und Transparenz über die Vorgehensweise herzustellen. Mit den Teilnehmenden sollten die beabsichtigten Vorgehensweisen in verschiedenen Moderationsphasen besprochen werden und sie sollten sich damit einverstanden erklären. Auf diese Weise werden die Beteiligten aktiv in den Prozess einbezogen und unnötige Unsicherheiten seitens der Gruppenmitglieder vermieden. Das schafft ein entspanntes Arbeitsklima für die ganze Arbeitsgruppe. Die Einstiegsphase wird zur Klärung organisatorischer und zeitlicher Rahmenbedingungen genutzt. Darüber hinaus dient sie dem gegenseitigen Kennenlernen, dem entsprechend Zeit gewidmet werden muss, vor allem in der Anfangsphase der Netzwerkarbeit. Wenn die Mitglieder sich gut kennen, wird für die Einstiegsphase nicht mehr viel Zeit benötigt. Sobald die Ziele des Arbeitstreffens definiert sind und der inhaltliche Rahmen abgesteckt ist, kann die zweite Phase beginnen.

Phase 2 – Themen sammeln
In der Phase der Themensammlung gilt es, herauszufinden, welche Inhalte aus Sicht der Teilnehmenden bearbeitet werden sollen. Hier werden Themen, Ideen und andere Beiträge entweder auf Zuruf, mittels Brainstormings oder per Kartenabfrage zusammengetragen und anschließend auf Pinnwand oder Flipchart visualisiert. Wenn alle Beiträge kommuniziert sind, folgt die dritte Phase.

Phase 3 – Thema auswählen
In der dritten Moderationsphase geht es um die Priorisierung der einzelnen Themen oder Ideen. Die Moderation hat hierbei die Aufgabe, herauszufinden, welche der zusammengetragenen Themen konkret von den Beteiligten bearbeitet werden wollen und in welcher Reihenfolge. Die Visualisierung der Ideen und Themen auf Pinnwand oder Flipchart ist die beste Grundlage, die Vorschläge in einem

ersten Schritt zu clustern und sie danach von den Teilnehmenden z.B. mit Hilfe von Klebepunkten gewichten zu lassen. Das Ergebnis der Gewichtung ergibt die Reihenfolge, in der die Themen bearbeitet werden.

Phase 4 – Thema bearbeiten

Die inhaltliche Bearbeitung der ausgewählten Themen ist Bestandteil der vierten Moderationsphase. Dazu stehen viele verschiedene Methoden zur Verfügung, deren Wahl von der jeweiligen Fragestellung bzw. Zielsetzung abhängig ist. Mögliche Zielsetzungen können etwa sein:

- Informationsaustausch
- Problemanalyse
- Entscheidungen herbeiführen.

Zur Themenbearbeitung eignen sich Methoden wie das Problem-Analyse-Schema, Zwei-Felder-Schema, Mind-Mapping, Gruppenarbeiten u.v.m. In der Bearbeitungsphase muss die Moderation darauf achten, die Methoden so zu wählen, dass sich alle gleichermaßen einbringen können. Das heißt hierbei ist besondere Flexibilität und Aufmerksamkeit der Moderation gefragt, da die Arbeitsergebnisse die Grundlage für die weitere Vorgehensweise bilden und im nächsten Schritt z.B. ein konkreter Maßnahmenplan erstellt werden soll (vgl. Nicolini, Quilling, 2010).

Phase 5 – Maßnahmen planen

Das Planen von Maßnahmen dient dazu, konkrete Handlungsoptionen für die Lösung der herausgearbeiteten Problemsituationen zu finden. Die Moderation lenkt den Prozess dahingehend, welche der erarbeiteten Lösungsvorschläge weiter verfolgt werden sollen, welche konkreten Maßnahmen zu treffen sind und wer diese durchführen soll. Ziele und Aufgaben müssen dabei möglichst genau formuliert und die Verantwortung den einzelnen Personen übertragen werden. Darüber hinaus wird der zeitliche Rahmen festgelegt, in dem die Aufgabe erledigt werden sollte. Im Protokoll sollte festgehalten werden, wer welche Aufgabe bis wann übernimmt.

Phase 6 – Abschluss der Moderation

In der letzten Phase der Moderation wird die inhaltliche Arbeit beendet. Dazu sollte sich die Moderation davon überzeugen, dass alle Beteiligten mit dem Ergebnis und der geplanten Vorgehensweise einverstanden und zufrieden sind. Gemeinsam mit den Netzwerkpartnern sollte der Moderator die Veranstaltung kurz reflektieren und vielleicht in einem Blitzlicht zusammentragen, was besonders gut war und was beim nächsten Mal anders laufen sollte und ob die Erwartungen aller erfüllt wurden. Die Veranstaltung schließt die Moderation mit einem Dankeschön und guten Wünschen für das Gelingen der Maßnahmen.

Grundsätzlich empfiehlt Seifert hierzu auch die elf Gebote der (Besprechungs-)Moderation (vgl. Seifert, 2004):

- Bereite dich gut vor!
- Beginne positiv!
- Lege das Ziel fest!
- Visualisiere für alle sichtbar mit!
- Arbeite mit System!
- Sei neutral!
- Führe durch Fragen!
- Bleibe beim Thema!
- Achte auf konkrete Vereinbarungen!
- Schließe positiv ab!
- Bereite dein Meeting nach!

Abb. 19 Elf Gebote der (Besprechungs-)Moderation (Seifert, 2004)

b) Geteilte Moderation

Die Aufgabe der Moderation besteht darin, die Arbeitsfähigkeit der Gruppe sicherzustellen und die Arbeitsgruppe bis zur Ergebnissicherung zu begleiten. Die einzelnen Arbeitsphasen der Gruppe werden durch präzise formulierte Fragen gelenkt, die ebenso wie die Arbeitsergebnisse visualisiert werden sollten.

Um also die Gruppe zu einem Arbeitsergebnis bringen zu können, sind die Beherrschung von Fragetechniken und verschiedenen Visualisierungsmethoden zentrale Voraussetzung und gehören damit zum Grundhandwerkszeug der Moderation. Die Visualisierung ersetzt dabei nicht das gesprochene Wort, sondern dient der Unterstützung. Plakate und Karten können während des gesamten Arbeitsprozesses hängen bleiben. Dies unterstützt die Transparenz und empfiehlt sich insbesondere in kontroversen Diskussionsphasen. Die Visualisierungen erleichtern den Teilnehmenden, dem Prozess zu folgen, da der Verlauf für alle sichtbar bleibt. Daher ist es sinnvoll, eine Gruppe zu zweit zu moderieren. Auf diese

Weise kann sich eine Person auf den Moderationsprozess konzentrieren, während sich die andere Person der Visualisierung auf Pinnwand oder Flipchart widmet oder Moderationskarten und Stifte für eine Kartenabfrage austeilt und wieder einsammelt. In Netzwerken bietet sich die Moderation zu zweit an, da auf diese Weise Netzwerkpartner mit einer konkreten Rolle aktiv in den Prozess mit eingebunden werden können. Die Doppelmoderation kann z.b. im Wechsel stattfinden, sodass immer einer moderiert, während der andere mit „organisatorischen" Dingen beschäftigt ist. Alternativ kann eine klare Aufgabenteilung von Anfang bis Ende sinnvoll sein.

3.5.3 Informationskultur und Wissensmanagement

Eine offene und transparente Informations- und Kommunikationskultur sowie ein gemeinsames Wissensmanagement hängen unmittelbar zusammen. Ein gemeinsames Wissensmanagement bedeutet, dass Transparenz und Zugang zu dem im Netzwerk vorhandenen und für das gemeinsame Ziel relevante Wissen, also Kompetenzen, Informationen und Daten sichergestellt wird. Eine gemeinsame Wissensbasis geht mit verschiedenen Anforderungen an das Netzwerk bzw. das Netzwerkmanagement einher.

a)   Wissensmanagement organisieren

Wissen bezeichnet die Gesamtheit der Kenntnisse und Fähigkeiten, die zur Lösung von Problemen eingesetzt werden. Dazu gehören sowohl theoretische Kenntnisse als auch praktische Alltagsregeln und Handlungsanweisungen (Probst et al., 1997). Wissen ist damit zugleich Bestand und Prozess. Für die Arbeit in Netzwerken spielt das Handlungswissen eine besonders große Rolle.

Wissen lässt sich nicht wie eine beliebige Ware transferieren, Wissen entsteht erst durch Kombination und Anbindung an bestehende Erfahrungsmuster. Wissen ist damit individuell, jeder sammelt und speichert sein ganz spezielles Wissen. Dieses Verständnis legt nahe, dass die wesentliche Aufgabe des Wissensmanagements in der systematischen Erfassung und Bereitstellung von Informationen besteht, aus dem die Netzwerkpartner ihr Wissen weiterentwickeln können. Welche Informationen erfasst und bearbeitet werden, sollte in den Arbeitskreisen diskutiert und von der Steuerungsgruppe beschlossen werden. Nur, wenn den Netzwerkpartnern alle nötigen Informationen zur Verfügung stehen, können sie im Sinne des Netzwerks handeln. Das Wissen muss in konkreten Situationen zielgerichtet zur Erfüllung der beabsichtigten Erfolge eingesetzt werden, damit sich aus Wissen Kompetenzen entwickeln können. Dies ist das Ziel eines Wissensmanagementsystems: Kompetenzzuwachs bei allen Akteuren.

3 Netzwerkmanagement

Während man traditionell Wissen mit Personen verbindet, wird inzwischen Wissen auch „überindividuell" als „organisations- oder institutionsspezifisches" Wissen beschrieben, das auch Regelsysteme wie Leitbilder, Prozessbeschreibungen, Routinen, Traditionen, Datenbanken, Produkt- und Projektwissen umfasst. Die Vorteile eines funktionierenden Wissensmanagements sind im Wesentlichen:
Schnellere Arbeitsabläufe durch:

- Direkten Zugriff auf interne Informations- und Wissensspeicher
- Direkten Zugriff auf externe Informations- und Wissensspeicher
- Produktivitäts- und Effizienzsteigerung durch:
- Unmittelbaren Zugriff der Netzwerkpartner auf die notwendigen Informationen
- Förderung der Kooperationsbereitschaft
- Bessere Bindung der Netzwerkpartner
- Schaffung von Transparenz
- Erfassung und Nutzung des vorhandenen Wissens in der gesamten Netzwerkstruktur

Beim Wissensmanagement handelt es sich um einen Prozess, der die Erzeugung, Verteilung und Nutzung des Wissens regelt. Den komplexen Zusammenhang zwischen den Elementen eines aktiven Wissensmanagements zeigt die Skizze:

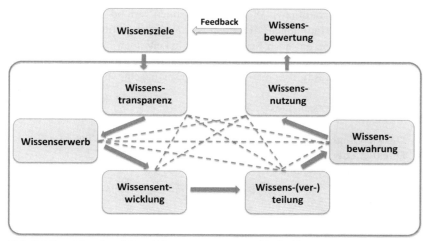

Abb. 20 Bausteine des aktiven Wissensmanagements (Probst[9])

Durch systematisches Wissensmanagement soll das gesamte Wissen, das dem Netzwerk zur Verfügung steht, vergrößert und die optimale Anwendung erreicht werden. Es ist eine formale und strukturierte Vorgehensweise zur Verbesserung der Erzeugung, Verteilung und Nutzung von Wissen in einem Netzwerk notwendig. Ein gezieltes Wissensmanagement sorgt dafür, dass z.b. schnell und flexibel auf auftretende Probleme reagiert werden kann. Die rasche und effiziente Weitergabe des vorhandenen Wissens unterstützt die gemeinsamen Anstrengungen, einen dauerhaften Erfolg zu erreichen. Dafür ist eine regelrechte Kultur des Wissensmanagements erforderlich. Wissen ist kein beliebiges Gut, das jederzeit irgendwie gehandhabt werden kann, sondern ist meistens an Personen gebunden, weil sie in der Regel selbst als Personen Träger des Wissens sind. Sie stellen als Akteure ihre Kenntnisse und Fertigkeiten bereit, Wissen zur Erreichung definierter Ziele einzusetzen.

In Netzwerken steht das sog. kooperative Wissensmanagement mit den Schwerpunkten:

- Entstehung,
- Bereitstellung,
- Bewahrung und der

---

9 Probst/Romhard: http://www.ai.wu-wien.ac.at/~kaiser/seiw/Probst-Artikel.pdf; Stand: 30.12.2012

- Austausch von Wissen innerhalb und zwischen Arbeitsgruppen im Vordergrund.

Die bestimmenden Akteure bei diesem dezentralen Ansatz sind die Netzwerkpartner selbst. Sie entscheiden innerhalb des vorgegebenen Rahmens über die Wissensziele und auch über die notwendigen Maßnahmen, um diese Ziele erreichen zu können. Durch Kombination der vorhandenen Wissensbestände kann eine neue Wissensqualität entstehen, die damit mehr ist als die Summe des vorhandenen Wissens einzelner Netzwerkpartner.

Aufgabe des Wissensmanagements ist die aktive Organisation des Austausches von Wissen zwischen allen Beteiligten. Notwendig ist die Verzahnung der Akteure untereinander und die Schaffung eines Umfelds bzw. Klimas, indem alle bereit sind, ihr Wissen mit anderen zu teilen und so dem Netzwerk insgesamt zur Verfügung zu stellen.

Erfolgreiches Wissensmanagement stellt die einzelnen Akteure – die Menschen – in den Mittelpunkt. Auch, wenn elektronische Speicher immer größer und auch wichtiger werden, bleiben die technischen Speichermedien doch ein Instrument zur Unterstützung der handelnden Personen. Der Mensch ist der wichtigste Wissensträger. Die folgende Übersicht zeigt eine Einteilung der möglichen Wissensträger:

		Internes Wissen	Externes Wissen
Implizites Wissen	Subjektives Können, individuelle Fähigkeiten und Kompetenzen = Nicht vollständig beschreib- und formalisierbar	Wissen in Organisationen, Mitarbeiter, Akteure	Partner, Bildungseinrichtungen, Berater etc.
Explizites Wissen	Standardisiert, methodisch und systematisch Strukturen, Prozesse, Dokumente = formalisier- und beschreibbar, Prinzipiell allgemein verfügbar und gültig	Dokumentationen, Datenbanken, Best-practice-Modelle, Berichte etc.	Publikationen, Bibliotheken, Externe Datenbanken etc.

Abb. 21 Übersicht Wissensträger

Bevor das Wissen bzw. Informationen zur Verfügung gestellt werden, stellt sich die Frage nach dem Wissenspotenzial und den Wissensträgern. Wer innerhalb des Netzwerks verfügt über relevantes Wissen? Welches Wissen ist für wen zu welchem Zeitpunkt relevant? Und welche Informationen ändern sich, wenn etwa das Netzwerk bestimmte Teilziele bereits erreicht hat?

Wie wird explizites Wissen so vermittelt, dass auch Menschen, für die dieses Wissen neu ist, es verstehen können? Wie wird mit implizitem Wissen, also dem Wissen, welches Menschen haben, ohne es tatsächlich konkretisieren zu können, umgegangen? Dieses Wissen zu sondieren, zählt zu den grundlegenden Anforderungen an das Management. Dazu gehört auch hinsichtlich der vorhandenen Kompetenzen, seitens des Netzwerkmanagements zu koordinieren, welche Fähigkeiten zu welchem Zeitpunkt benötigt werden und wie diese abgerufen werden können.

b) Wissensübertragung
Um das in einem Netzwerk vorhandene Wissen produktiv und sinnvoll nutzen zu können, müssen Wege und Methoden gefunden werden, dieses Wissen an die relevanten Personen bzw. Netzwerkpartner zu transferieren.

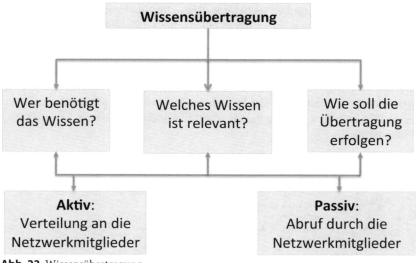

Abb. 22 Wissensübertragung

Bei der Übertragung kommt es auf eine genaue, aktuelle und zeitnahe Übermittlung an. Allgemeine Informationen lassen sich meist einfacher an die Akteure verteilen als spezielle. Gemeinsam sollten im Netzwerk die optimalen Strukturen dafür sichergestellt werden, damit das Wissensmanagement auch zu einer Effizienzsteigerung beitragen kann und nicht Doppelstrukturen geschaffen werden. Nur eine Ausgewogenheit von aktiver und passiver Wissensübertragung sorgt für transparente Informationsstrukturen. Eine einseitige Wissensübertragung führt eher zu Unzufriedenheit in den Arbeitsstrukturen und kann z.B. eine Überlastung des Netzwerkmanagements bedeuten.

3 Netzwerkmanagement

Für ein effizientes Wissensmanagement dieser Art ist es notwendig, dass innerhalb des Netzwerks eine Kultur herrscht, die es allen Beteiligten ermöglicht, Vertrauen in die umfassende Wissensübertragung zu haben. Durch vorhandene technische Möglichkeiten kann Wissen zeitgleich im Netzwerk verteilt und der Wissensaustausch unabhängig von Zeit und Raum gesichert werden. Das hat den zusätzlichen Vorteil, dass Veränderungen und Verfälschungen – abgesehen von bewussten Manipulationen – vermieden bzw. minimiert werden, die bei interpersonalem Wissensaustausch unvermeidlich erscheinen. Voraussetzungen und Anreize für eine Wissensübergabe sind:

- Flache Hierarchien
- Vertrauen
- Anwenderfreundlichkeit
- Standardisierung der Eingaben
- Standardisierung der Dokumentation
- Win-win-Situationen

c) Methoden und Techniken des Wissensmanagements

Die Verbreiterung der Wissensbasis kann über die Verbesserung der verschiedenen technischen Wissensspeicher erfolgen. Innerhalb eines Unternehmens wird das Wissensmanagement heute in der Regel über das Intranet umgesetzt. Entsprechende Dokumentenmanagementsysteme helfen, komfortable Zugriffsmöglichkeiten für die Mitarbeiter zu sichern.

Für Netzwerke ist es dagegen sinnvoll, das Internet als Plattform für das Wissensmanagement und den Informationsaustausch zu nutzen – hier können der Zugang und die Erreichbarkeit der Wissensbasis einfach über E-Mail-Verteiler, E-Mail-Austausch via Newsgroup sichergestellt werden. Oder auch in stärker professionalisierter Form könnte beispielsweise online ein gemeinsames Archiv angelegt werden, indem z.B. Projektberichte hinterlegt, die für das Thema relevant sind und die Profile der Akteure, um einfach nachschauen zu können, welcher Ansprechpartner für welches Spezialthema relevant ist.

Ein solches – virtuelles – Archiv bedarf eines sinnvollen Aufbaus und der Pflege, damit die Daten immer aktuell sind. Dies kann in einem Netzwerk jedoch nicht die Aufgabe einzelner Akteure oder des Netzwerkmanagements allein sein. Hier sind alle Netzwerkpartner gefragt. Es ist sinnvoll, für das Netzwerkmanagement die Aufgabe zu definieren, die Partner in regelmäßigen Abständen daran zu erinnern, ihre Daten zu aktualisieren. Nur so kann das Wissensmanagement auf Dauer erfolgversprechend umgesetzt werden. Hier gilt es vor allem, eine komfortable Zugriffsmöglichkeit zu sichern, damit keine überdimensionierte, und letztlich für die aktuelle Arbeit wenig hilfreiche Dokumentenablage entsteht. Ein Content-Management-System kann helfen, Information einfach verfügbar zu machen. Das Internet bietet darüber hinaus die unterschiedlichsten Möglichkeiten der Bereitstellung von Datenbanken über Kommunikations- bzw. Diskussionsforen bis hin zu einem eigenen „learning space" ist alles vorstellbar. Kommunikationsforen ermöglichen einen zeit- und ortsunabhängigen Informationsaustausch. Netzwerkpartner, Multiplikatoren aber auch „Klienten" und andere Interessenten können Nachrichten, Fragen, Diskussionsbeiträge und anderes einstellen („posten"). Die veröffentlichten Beiträge können gelesen, beantwortet, diskutiert und je nach technischen Bedingungen verändert werden. Manche Foren bieten auch ein breites Spektrum von ergänzenden virtuellen Möglichkeiten des Informationsaustauschs. Ein eigener „learning space" bietet z.b. Unterarbeitsgruppen des Netzwerks die Möglichkeit, gezielt ein Thema online weiter bearbeiten und diskutieren zu können, bevor es dann in einem Arbeitskreis oder der Steuerungsgruppe präsentiert wird. Dadurch können die Beziehungen unter den Netzwerkpartnern deutlich intensiviert und verbessert werden.

An dieser Stelle soll betont werden, dass der Umgang mit Daten sensibel erfolgen muss. Nicht alle Daten sind für alle Netzwerkpartner relevant und unter Berücksichtigung von Datenschutzrichtlinien auch nur in begrenztem Maß „öffentlich" zugänglich zu machen. So kann es sinnvoll sein, mit passwortgeschützten Bereichen zu arbeiten, auf die nur autorisierte Personen Zugriffsrechte haben. Beim Umgang mit Daten sollte mit besonderer Achtsamkeit verfahren werden.

Der Wissenszuwachs, der in Netzwerken durch den gezielten fachlichen Austausch der Netzwerkteilnehmer und möglicher Experten geschieht, die an einem gemeinsamen Thema arbeiten, wird durch Zeit und Arbeitskraft gewonnen und nicht etwa durch den Zukauf von Informationen. Umso wichtiger ist es, dieses gewonnene Wissen zu dokumentieren und allen zur Verfügung zu stellen, da das Wissen nicht so ohne weiteres reproduzierbar ist. Es kommt durch die Zusammensetzung der Teilnehmer zustande und hat daher einen hohen individuellen Charakter. Die Diskussion sollte daher im Wesentlichen dokumentiert, die Ergebnisse festgehalten und anschließend z.B. auf einer gemeinsamen Internetplattform oder in einem Kommunikationsforum allen zur Verfügung gestellt werden. Eine transparente und offene Informations- und Kommunikationskultur – so wie sie auch das Wissensmanagement einfordert – setzt ein gewisses Maß an Kommunikationskompetenz und Vertrauen zwischen den Netzwerkpartnern voraus. Sie führt dazu, dass das Netzwerk sich zu einer Art lernenden „Organisation" entwickelt.

3.5.4 Kommunikation und Konfliktmanagement in Netzwerken

Zentral für das Verarbeiten von Informationen ist das wechselseitige Verständnis zwischen Sender und Empfänger, das mit Vorerfahrungen und Erwartungen assoziiert ist. Das Sender-Empfänger-Modell und das 4-Ohren-Modell sind wesentliche Grundlagen für funktionierende Kommunikation (vgl. Watzlawick, 2009; Schulz von Thun, 2010). Beide Modelle sollten in Theorie und Praxis bekannt sein, weil sie die Basis für gelungene Kommunikation und Konfliktmanagement bilden. Ziele und Aufgaben der Kommunikation von Netzwerken nach innen und außen sind nach Helmcke:

Netzwerkkommunikation nach innen		Netzwerkkommunikation nach außen	
Ziele	**Kommunikationsaufgaben**	**Ziele**	**Kommunikationsaufgaben**
Die Netzwerkpartner kennen die Ziele und Aktivitäten des Netzwerks und identifizieren sich damit.	Zielfindungsprozess im Netzwerk; Entwicklung der Kernbotschaften; Kommunikation der Erfolge unter Nennung der Beitragenden.	Das Netzwerk ist auch außerhalb des Netzwerks mit seinen Zielen und Erfolgen bekannt.	Regelmäßige Berichterstattung über Aktivitäten und Erfolge des Netzwerks.
Die Netzwerkpartner kennen die Ziele, Kernkompetenzen und die Kooperationsbereitschaft bezüglich der im Netzwerk relevanten Themen untereinander.	Bereitstellung von Plattformen, um das gegenseitige Kennenlernen zwischen den Netzwerkpartnern zu vereinfachen.	Das Netzwerk hat ein positives Image.	Alleinstellungsmerkmale nach außen; imageträchtige Netzwerkpartner treten nach außen hin als Netzwerkpartner auf.
Die Netzwerkpartner haben Zugang zu den für sie relevanten Informationen.	Bereitstellung der themenspezifischen Informationen; Vermittlung von Kontakten zwischen Netzwerkpartnern, die noch keine Beziehung zueinander haben.	Öffentliche Positionierung.	Kommunikation von Kernbotschaften und Best-Practice; Teilnahme an der politischen und öffentlichen Diskussion; Netzwerk wird als Makler von Kooperationsoptionen (Projektakquise) wahrgenommen.
Schaffung einer offenen, kreativen, kooperativen und innovativen Kommunikationskultur.	Transparenz über potenzielle Beiträge der Kooperationspartner; verständnisorientierte Kommunikation, gegenseitige Erreichbarkeit.	Gewinnung neuer Netzwerkpartner.	Kommunikation des Nutzens der Netzwerkpartner nach außen, am besten durch diese selbst.

Tab. 1 Kommunikation von Netzwerken nach innen und außen (nach Helmcke, 2008)

Auf das Thema Netzwerkkommunikation nach außen bzw. „Öffentliche Positionierung" wird in Kapitel 4 näher eingegangen. Damit das Wissen, in dem hier skizzierten umfassenden Sinn, tatsächlich als Basis für Kommunikation des Netzwerks nach innen dienen kann, sind die folgenden Punkte zu berücksichtigen:

1. Die Entscheidung, welches Wissen notwendig ist, und wie viel Wissen zur Verfügung gestellt wird, muss kontinuierlich hinterfragt und überprüft werden.
2. Das benötigte Wissen muss aktuell sein. Das bedeutet, dass die Wissensbasis ständig aktualisiert und überholtes Wissen archiviert oder gelöscht werden muss. Die Aktualisierung muss zudem den Netzwerkpartnern regelmäßig kommuniziert werden.
3. Die Zugänglichkeit des Wissens muss gewährleistet sein. Das heißt, mit Ausnahme von Aktualisierungen müssen die Netzwerkpartner uneingeschränkt darauf zugreifen können.
4. Aufgrund der potenziell großen Wissensmenge ist es wichtig, dieses strukturiert aufzubereiten.
5. Im Rahmen der Aufbereitung muss sichergestellt werden, dass ein „Missverstehen" ebenso wie ein Missbrauch ausgeschlossen sind. Das erfordert didaktische und methodische Kompetenzen.

Nur, wenn es gelingt eine vertrauensvolle Basis für die Zusammenarbeit zu schaffen, wird es möglich sein, Win-win-Situationen herzustellen, bei denen durch die eigene Bereitstellung von Wissen, die Möglichkeit geschaffen wird, auf das Wissen anderer zugreifen zu können. Eine sinnvolle technische Möglichkeit für den Austausch von Wissen in Netzwerken bietet das Internet mit seinen Möglichkeiten wie Datenbanken oder Kommunikationsforen.

Trotz einer offenen Kommunikations- und Informationskultur, trotz einer klaren Regelung von Abläufen und der Verteilung von Aufgaben und Zuständigkeiten, kann es innerhalb des Netzwerks zu Störungen kommen.

„In Netzwerken und Kooperationen, in denen eine Vielzahl von unterschiedlichen Sprachen, Organisationskulturen, Hierarchiestufen, Kernkompetenzen und damit auch blinden Flecken zusammentreffen, gib es zahlreiche Gelegenheiten nicht einer Meinung zu sein und sich um die bessere Lösung zu streiten. Hinzu kommen unterschiedliche Interessen, unterschiedliche Interaktionsorientierungen, unterschiedliche Akteurskonstellationen und unterschiedliches Kooperationsverhalten von Netzwerk- und Kooperationspartnern und nicht zuletzt eine Vielfalt unterschiedlicher Persönlichkeiten mit ihren Wünschen ihrer Phantasie sowie ihren Eitelkeiten und Geltungsbedürfnissen" (Helmcke, 2008).

Hier ist ein gutes Kommunikations- und Konfliktmanagement notwendig. Im Rahmen der Vereinbarung zwischen den Netzwerkpartnern sollte darauf hingewiesen werden, dass aufgrund verschiedener Herkunftsinstitutionen und Organisationen unterschiedliche „Sprachen" gesprochen werden. Deshalb muss beim Austausch darauf geachtet, dass das gegenseitige Verstehen gewährleistet ist. Die sprachliche Vielfalt kann auch als Zugewinn „inter-"kultureller Kompetenz verstanden werden.

Gehen Konflikte über die Ebene der sprachlichen Vielfalt hinaus, ist das Netzwerkmanagement gefragt. Viele Konflikte spielen sich dabei nicht auf der sachlichen, sondern auf der emotionalen – der sog. Beziehungsebene ab (Schulz von Thun, 2010), wobei letztere dem Eisbergprinzip entsprechend von vermeintlichen Sachkonflikten kaschiert wird.

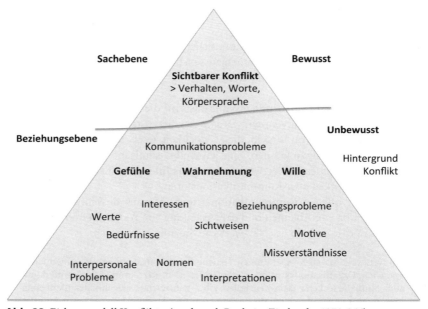

Abb. 23 Eisbergmodell Konflikte, (mod. nach Ruch, in: Zimbardo, 1974: 366)

Diese auf der emotionalen Ebene gelagerten Konflikte können beispielsweise mit einer unterschiedlichen Reputation, mit Blick auf die berufliche Position und unterschiedlichen Hierarchieebenen, der Statuszugehörigkeit oder schlicht persönlicher Haltungen, Sympathien bzw. Antipathien einhergehen.

3 Netzwerkmanagement

Das Netzwerkmanagement muss hier besonderes Fingerspitzengefühl beweisen, um nicht für die Zielerreichung wichtige Netzwerkpartner und deren Kompetenzen zu verlieren. Ganz konkret können nach Helmcke (2008) folgende Sachverhalte auf einen unterschwelligen Konflikt innerhalb des Netzwerks hindeuten:

- Kontakthäufigkeit verringert sich, Zahl der E-Mails geht zurück,
- Netzwerkpartner gehen einander aus dem Weg,
- Netzwerkpartner reden erst in Abwesenheit bestimmter Partner offen,
- eine Kooperation kommt in einer Konstellation, die eigentlich sehr naheliegend wäre (Win-win-Situation), nicht zustande.

Persönliche Konflikte kann man durch „Teamentwicklungsprozesse" zu Beginn vorbeugen. Es muss jedoch ein hohes Maß an persönlicher Bereitschaft vorhanden sein, damit sich alle Partner auf einen solchen Prozess einlassen. Darüber hinaus kann der Aspekt der Selbstverpflichtung eine präventive Wirkung haben und einen Beitrag dazu leisten, dass Konflikte in bestimmten Bereichen gar nicht erst entstehen. Davon ausgehend, dass die meisten Konflikte auf Wahrnehmungs- und Kommunikationsprobleme zurückzuführen sind, kann eine Selbstverpflichtung für Transparenz und Sicherheit sorgen. Auf diese Weise kann Missverständnissen vorgebeugt werden.

Grundsätzlich werden im Konfliktmanagement zwei zentrale Konfliktarten unterschieden: Intra- und Interpersonelle Konflikte, die sich dann wiederum in weitere „Unterkonfliktarten" aufteilen lassen:

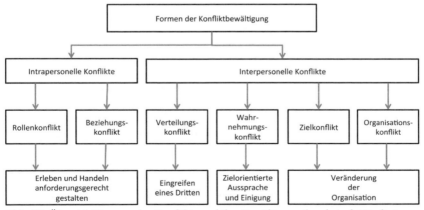

Abb. 24 Übersicht Formen der Konflikte und ihre Bewältigung (mod. nach Nicolini, 2012)

Konflikte, die auf einer sachlichen Ebene angesiedelt sind, können verschiedene Ausgangspunkte haben, „meist die Differenz von Interessen und Bedürfnissen verschiedener Menschen und sozialer Gruppen" (Altmann, Fiebiger und Müller, 1999).
Dabei unterscheiden Altmann et al. (1999) vier Konfliktarten:

- *Zielkonflikt* – Differierende Ziele und Wertvorstellungen von Menschen bzw. sozialen Gruppen.
- *Mittel- bzw. Wege-Konflikt* – Unterschiedliche Bewertung der Wege, die zu einem (oftmals identischen) Ziel führen.
- *Verteilungskonflikt* – Neid und Benachteiligungen werden hervorgerufen, wenn Menschen bzw. soziale Gruppen ungleich an erstrebenswerten Gütern partizipieren.
- *Rollenkonflikt* – Verschiedene Erwartungen aufgrund mehrerer Rollen.

Interessenskonflikte oder Konkurrenz zwischen Netzwerkpartnern erfordern ein lösungsorientiertes Vorgehen des Netzwerkmanagements. Interessenskonflikte können beispielsweise auftreten, wenn die Ziele des Netzwerks über die Ziele der eigenen Organisation hinausgehen oder diesen entgegengesetzt sind.

Beispiel

Wenn in einem Netzwerk zur Verbesserung der ambulanten Versorgung im ländlichen Raum ein Großteil der ärztlichen Leistungen an medizinische Fachangestellte verantwortlich übertragen werden, dann haben Institutionen wie die Kassenärztliche Vereinigung oder die Ärztekammer damit einen berechtigten Interessenskonflikt, weil dieses Ziel der geltenden Gesetzgebung widerspricht. Hier eine Lösung zu vermitteln, die der Gesetzgebung einerseits und dem Bedarf der ländlichen Bevölkerung andererseits gerecht wird, dürfte eine große Herausforderung für das Netzwerkmanagement sein. Es wäre ein möglicher Ansatz, von der Hauptverantwortung hin zur Delegation ausgewählter ärztlicher Leistungen zu kommen sowie gegebenenfalls über eine testweise Ausweitung der delegierbaren Leistungen in dem begrenzten Rahmen eines Projekts zu diskutieren. Hier wird offensichtlich, dass die Netzwerkpartner Kompromissbereitschaft zeigen müssen.

Konkurrenz zwischen Netzwerkpartnern kann dazu führen, dass es z.B. für Vertreter der Sportselbstverwaltung schwierig ist zu akzeptieren, wenn ein Bewegungskonzept von einem Weiterbildungsträger erstellt werden soll. Auf kommunaler Ebene hat der Vertreter der Sportselbstverwaltung das nachvollziehbare Interesse, in die Konzeption einer Maßnahme eingebunden zu werden. Hier hat das Netzwerkmanagement die Möglichkeit zu vermitteln, sodass die beiden Akteure zusammenarbeiten. Schwieriger ist die Herausforderung zu bewältigen, wenn Verteilungs- oder Rollenkonflikte auftreten. Innerhalb eines Netzwerks könnte ein Verteilungskonflikt zum Beispiel dadurch auftreten, dass beispielsweise nicht alle Schulen in einer Großstadt einen Vertreter in ein Netzwerk entsenden. Die übrigen Schulen könnten zu der Annahme gelangen, dass ihnen relevante Informationen, auf die sie aus ihrer Sicht den gleichen Anspruch haben, vorenthalten bleiben. Dem kann das Netzwerkmanagement begegnen, in dem die Zugangsmöglichkeiten zu relevanten Informationen für alle Schulen zur Verfügung gestellt werden.

Um Konflikten effektiv zu begegnen, kann es hilfreich sein, sich der oben beschriebenen Moderationsmethode (vgl. Kap. 3.5.2) zu bedienen. Insbesondere wenn es um konkrete Vereinbarungen geht. Hier ist es besonders wichtig, Transparenz herzustellen, damit alle Beteiligten der Vereinbarung zustimmen können. Durch die gezielte Visualisierung in der Moderation, kann sich der Moderator oder Netzwerkmanager noch einmal rückversichern, ob alle Netzwerkpartner einverstanden sind.

3.5.5 Organisation und Administration

Auch die Organisationsstruktur eines Netzwerks spielt eine bedeutende Rolle für die Kommunikationskultur. „Die Organisationsstruktur bildet das vertikal und horizontal gegliederte System der Kompetenzen ab, das gemäß dem instrumentalen Organisationsbegriff als genereller Handlungsrahmen die arbeitsteilige Erfüllung der permanenten Aufgaben regelt. Die Organisationsstruktur ist somit ein System von Regelungen in Organisationen" (Schewe, 2012).

Hierbei gilt es zu unterscheiden, ob eine „Entscheidungszentralisation" stattfindet, also beispielsweise in klassisch hierarchischen Organisationen die Leitung die oberste Entscheidungsinstanz ist, oder ob Entscheidungen dezentral, d.h. auf verschiedene Gremien verteilt oder zum Beispiel auf Arbeitsgruppenebene getroffen werden. Darüber hinaus kann es eine eindimensionale Organisationsstruktur geben, die basierend auf einem Kriterium Kompetenzbereiche abgrenzt oder eine multidimensionale Organisationsstruktur, die mehrere Kriterien für die Abgrenzung von Teilbereichen verwendet. So werden organisatorische Teilbereiche gebildet, die auf unterschiedliche Handlungsaspekte ausgerichtet sind (vgl. Schewe 2012).

Unmittelbar mit der Organisationsstruktur hängt die Partizipation der Beteiligten zusammen. Sie leistet einen weiteren Beitrag zu einem offenen Umgang miteinander.

Partizipation trägt dazu bei, Menschen zu ermutigen, ihre Interessen selbst zu vertreten (Empowerment) und Kompetenzen aufzubauen sowie die Fähigkeit zu entwickeln, sich selbst zu helfen (Capacity building). Ein Netzwerk wird umso stabiler, tragfähiger und wirksamer, je mehr Partizipation ermöglicht wird - und zwar auf allen Ebenen:

- Problemdefinition,
- Programmformulierung,
- Durchführung,
- Qualitätssicherung und
- Evaluation.

Arnstein hat zum Thema Partizipation die nachfolgende Typologie vorgelegt.

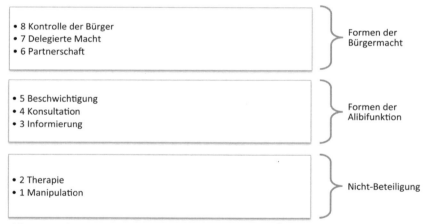

Abb. 25 Stufen der Beteiligung (Arnstein, 1969, deutsche Übersetzung mod. nach Naidoo und Wills, 2000)

Diese verschiedenen Formen der Beteiligung beeinflussen in nicht unerheblichem Maße das Funktionieren eines Netzwerks. Auch aus dem Besprechungsmanagement ist bekannt, dass Teilnehmer eine Besprechung als unbefriedigend empfinden, wenn sie den Eindruck gewinnen, manipuliert zu werden. Besonders von Bedeutung für das Funktionieren eines Netzwerks und ein erfolgreiches Netzwerkmanagement ist der Verzicht auf eine „Pseudo-Partizipation". Dies zeigt sich etwa dadurch, dass zwar gut informiert wird, aber die Netzwerkpartner nicht tatsächlich eingebunden werden. Ebenso dienen Maßnahmen wie die Konsultation, das heißt, den Anliegen der Beteiligten Gehör zu schenken bzw. Beschwichtigung, also den Partnern ein Mitsprache- aber kein Stimmrecht einzuräumen, als Alibi. Arnstein zufolge sind die drei Formen der „Bürgermacht" diejenigen, die erst tatsächliche Einbeziehung der Beteiligten beinhalten.

Natürlich wird es von der Zielsetzung des Netzwerks, ggf. dessen gesetzlichen Grundlagen (etwa das Infektionsschutzgesetz in Bezug auf die Umsetzung der DART-Strategie, siehe Kap.2) und der Organisationsstruktur abhängen, welche Form der Beteiligung gewählt wird. Aussichtsreich ist im Rahmen der Netzwerkarbeit die Partnerschaft zwischen Netzwerkbeteiligten.

3.5.6 Controllingaufgaben des Netzwerkmanagements

Ein ausgereiftes Risikomanagement sollte Teil der Netzwerkarbeit sein. Vor Beginn der Netzwerkarbeit gibt eine Analyse der Ist-Situation Auskunft über den aktuellen Stand und mögliche Risiken bzw. Hindernisse. Während der laufenden Maßnahmen sollte eine regelmäßige Aktualisierung und Weiterentwicklung durch das Netzwerkmanagement vorgenommen werden. Auf diese Weise können Probleme vermieden werden.

Als Hilfsmittel zur Analyse, wie sich beispielsweise der Stand der Maßnahmen-Umsetzung entwickelt, dient die sog. SWOT-Analyse, die die spezifischen Stärken und Schwächen der Maßnahmen in Bezug zur Umwelt analysiert. Wenn sich z.B. Rahmenbedingungen in einem Sozialraum entscheidend verändern, wie durch die Schließung einer Schule oder einer Jugendeinrichtung, kann das Netzwerk (-management) schnell und angemessen auf diese Veränderungen reagieren. Das Netzwerkmanagement kann dann einen alternativen Handlungsplan entwerfen und diesen mit den unterschiedlichen Gremien diskutieren und konkretisieren, um ihn abschließend von der Steuerungsgruppe beschließen lassen.

Interne Einflussfaktoren		Externe Einflussfaktoren	
S	W	O	T
Strength	Weakness	Opportunities	Threats
Stärke Stabilität	Schwäche	Gelegenheiten Chancen	Bedrohungen Gefahren
Fähigkeiten, Wissen, Ressourcen etc.		Wertvorstellungen, gesetzliche Regelungen etc.	

Abb. 26 SWOT-Analyse

Als sog. interne Einflussfaktoren werden die Fähigkeiten und Ressourcen verstanden, über die das Netzwerk verfügen kann. Anhand unterschiedlicher Erfolgsfaktoren werden sie auf ihre Relevanz hin überprüft. Die Faktoren „strength" und „weakness" können auf sehr verschiedenen Gebieten lokalisiert werden:

- Wissen und Können der Mitarbeiter bzw. Netzwerkpartner
- Finanzielle Situation (Ressourcen)
- Aufbau- und Ablauforganisation (Prozesse)
- Netzwerkkultur (Strukturen)
- Kunden bzw. Klienten (Ergebnisse)

Diese Faktoren sind von internen Entscheidungen abhängig und direkt beeinflussbar.

Je nach Erkenntnisziel können einzelne Teilprojekte, Maßnahmen oder Prozesse zum Gegenstand der Analyse gemacht werden.

Auf externe Faktoren hat das Netzwerk in der Regel keinen Einfluss, sie ergeben sich aus den Trends und Veränderungen der Rahmenbedingungen:

- Wertvorstellungen
- Konjunkturelle Situation
- Technische Veränderungen
- Gesetzliche Vorschriften
- Politische Rahmenbedingungen
- Umwelteinflüsse

Bei der SWOT-Analyse handelt es sich um ein weit verbreitetes Managementinstrument der aktuellen Situationsanalyse, das beispielsweise zur strategischen Unternehmensplanung eingesetzt wird. Es ist nicht nötig, dass das Netzwerkmanagement diese Analysen selbst durchführt, sie können auch Teil einer Begleitevaluation sein. Allerdings muss der enge Austausch mit dem Netzwerkmanagement sichergestellt sein, d.h. es muss immer den aktuellen Stand kennen, um rechtzeitig auf Veränderungen reagieren zu können.

Eine effiziente Maßnahmenkontrolle ist notwendig für eine erfolgreiche Durchführung der Netzwerkaktivitäten. So können Abweichungen der

- personellen Ressourcen,
- finanziellen Ressourcen oder der
- Sachmittel

festgestellt und ggf. rechtzeitig Gegenmaßnahmen veranlasst werden. Wenn Abweichungen gegenüber der ursprünglichen Planung auftreten, können sie mithilfe einer sorgfältigen Abweichungsanalyse ermittelt und korrigiert werden. Je regelmäßiger und intensiver diese „Kontrollen" durchgeführt werden, desto eher und präziser können die Ursachen für unerwünschte Entwicklungen festgestellt und behoben werden.

> **Wesentliche Elemente des Netzwerkmanagements im Überblick:**
>
> *Ein Netzwerk zu managen heißt:*
> - Ziele zu entwickeln,
> - Abläufe und Prozesse zu planen, zu konkretisieren und zu kontrollieren,
> - die verschiedenen Netzwerkpartner (und ihre Interessen) zu koordinieren und gegebenenfalls vorhandene Partikularinteressen aufzudecken,
> - Akteure an das Netzwerk zu binden,
> - Informationsfluss sicherzustellen und Wissen transparent zu machen,
>
> und das alles unter Beteiligung der Netzwerkpartner.

Die wesentlichen Elemente des Netzwerkmanagements und das damit verbundene Kompetenzprofil wurden oben bereits ausgeführt. Im folgenden Kapitel soll der Fokus auf das Thema öffentliche Positionierung des Netzwerks gelegt werden. Mit welchen Methoden eine kompetente Öffentlichkeitsarbeit erfolgt, wird im Weiteren thematisiert.

4 Presse- und Öffentlichkeitsarbeit für Netzwerke der sozialen Arbeit

Der Begriff Öffentlichkeitsarbeit – auch PR (Public Relations) – beschreibt die Vielfalt der Kontakte und Berührungspunkte, die eine Institution oder ein Netzwerk zur Öffentlichkeit hat. Neben den Netzwerkpartnern kann es zahlreiche Zielgruppen für die Netzwerkarbeit geben und entsprechend viele Adressatengruppen bestehen auch für die Öffentlichkeitsarbeit. Daher gibt das folgende Kapitel einige Tipps, wie Presse- und Öffentlichkeitsarbeit in Netzwerken erfolgreich umgesetzt werden kann und welche Faktoren dabei beachtet werden müssen.

Die betriebswirtschaftliche Perspektive auf das Thema Presse- und Öffentlichkeitsarbeit subsummiert dieses Thema in der Regel unter die Marketingstrategie (d.h. die Kommunikationspolitik) einer Institution, mit dem Ziel, die **Aufmerksamkeit** der Kunden zu gewinnen. Hierbei steht der Verkauf von Produkten und Dienstleistungen im Fokus, für die ein Interesse geweckt werden muss.

Das Verlangen, das Produkt zu besitzen oder die Dienstleistungen zu erhalten steht im Mittelpunkt der Kommunikationsstrategie. Damit zielt die gesamte Kommunikation, wenn sie dem Marketing unterstellt ist, in Richtung verkäuferische Umsetzung auf dem Markt. Daraus folgt, dass die gesamte Kommunikation auf die Beeinflussung von Meinungen, Einstellungen, Erwartungen und Verhaltensweisen bei der Zielgruppe abzielt. Der Bekanntheitsgrad des Produkts soll bei den Kunden verbessert, ihr Empfinden gegenüber dem Produkt positiv beeinflusst werden. Die Adressaten sind damit externe Zielgruppen. Für andere – wie etwa interne Zielgruppen – gibt es in der Wirtschaft häufig eine eigene Abteilung, die sich nur um die interne Unternehmenskommunikation kümmert.

Das Verständnis von Öffentlichkeitsarbeit/Public Relations sollte daher für die Netzwerkarbeit den gesamten Wirkungsbereich öffentlicher Kommunikation umfassen, wie interne und externe Adressatengruppen, verkaufs- und/oder informationsorientiert etc. Daher wird in diesem Kapitel, neben den klassischen Marketinginstrumenten, vor allem auf die Möglichkeiten der gezielten Pressearbeit eingegangen.

4.1 Corporate Identity und Corporate Design für Netzwerke

Für die Darstellung und Kommunikation in und mit der Öffentlichkeit ist es sinnvoll, über ein **Corporate Design** (CD) des Netzwerks nachzudenken und dies entsprechend nach außen darzustellen. Das Corporate Design spiegelt die **Corporate Identity** (CI) wider. Die Corporate Identity basiert auf den Normen und

Werten einer Institution bzw. eines Netzwerks. Daher ist der Leitbildprozess ein wesentlicher Bestandteil der CI, was sich sowohl auf das „unternehmerische" Verhalten, die Kommunikation und das Erscheinungsbild auswirkt. Die „Netzwerkidentität" umfasst somit eine einheitliche Strategie konsistenten

- Handelns,
- Kommunizierens und
- visuellen Auftretens.

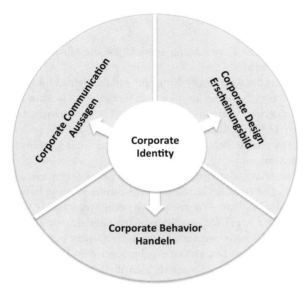

Abb. 27 Wirkungsbereiche der Corporate Identity in Netzwerken

Die zentralen Werte, die das Denken und Handeln des Netzwerks bestimmen, sollen nach innen und außen erkennbar werden. Mit einem Corporate-Identity-Konzept können sowohl interne als auch externe Ziele verfolgt werden. Zu den zentralen nach innen gerichteten Zielen der CI gehört es, bei Mitarbeitern bzw. Netzwerkpartnern ein „Wir-Gefühl" zu erzeugen. Dies soll die Motivation und letztlich die Arbeitszufriedenheit fördern, was sich aus unternehmerischer Perspektive positiv auf die Produktivität auswirkt. Aus der Netzwerkperspektive bedeutet die positive Identifizierung mit dem Netzwerk, dass dieses größere Chancen hat, genannt zu werden und den Partnern stets präsent ist. Die Kunst ist es, für das Netzwerk eine eigene Identität zu finden, die nicht in Konkurrenz zu den Zielen der beteiligten Partner steht, sondern komplementär dazu. Die Corporate Identity:

- leistet einen wesentlichen Beitrag zur Transparenz z.b. indem gemeinsame Vereinbarungen sichtbar gemacht werden.
- hilft allen Netzwerkpartnern zu wissen, was von ihnen erwartet wird.
- unterstützt die Netzwerkpartner, dabei auf ein gemeinsames Ziel hinzuarbeiten.
- kann durch einheitliche Gestaltungsvorgaben für Flyer, Anzeigen, Drucksachen etc. langfristig Kosten senken und die Herstellung vereinfachen.

Voraussetzung für die erfolgreiche Entwicklung einer CI ist die Übereinstimmung von Anspruch und Handeln.

Die externen Ziele eines Corporate-Identity-Konzepts soll das Selbstbild eines Unternehmens bzw. des Netzwerks, seine Normen und Werte bzw. Handlungsrichtlinien nach außen vermitteln und ein positives Bild (das Corporate Image) in der Öffentlichkeit erzeugen. Dabei ist der Idealzustand erreicht, wenn das Selbstbild des Netzwerks, seine Corporate Identity, und das Fremdbild, das Corporate Image, vollständig übereinstimmen.

Das **Corporate Design** beinhaltet das visuelle Erscheinungsbild des Netzwerks nach innen und nach außen. Die visuelle Gestaltung der Kommunikation hat einen großen Stellenwert, da die bildliche Wahrnehmung beim Menschen besonders stark ausgeprägt ist. In der Regel können Bilder – im Vergleich zu Texten – eine höhere Aufmerksamkeit erregen und auch besser verinnerlicht werden.

Der Grundgedanke des Corporate Designs ist es, abgeleitet vom Leitbild des Netzwerks, dieses nach innen und außen optisch identifizierbar zu machen. Daher findet das CD Berücksichtigung bei der Auswahl von Farben und einem Schrifttyp ebenso wie bei der Gestaltung des Logos, Briefbögen, Flyern, Broschüren, Plakaten, Internetauftritten etc., um einen prägnanten Auftritt gegenüber den verschiedenen Zielgruppen erreichen zu können. Das Netzwerk soll trotz seiner Vielfalt als Gesamtheit mit eigener Identität wahrgenommen werden, daher ist es notwendig, dass ein einheitliches Erscheinungsbild für das Netzwerk entsteht. Dabei sollte es für die Öffentlichkeitsarbeit des Netzwerks funktional und für alle Netzwerkmitglieder nutzbar sein. Aus diesem Grund sollte das Corporate Design in einem demokratischen Prozess gemeinsam erarbeitet werden.

Alle Kommunikationsmedien sollen dem Corporate Design entsprechen, damit das Netzwerk immer identifizierbar ist. Besondere Aufmerksamkeit ist dabei dem Internet-Auftritt zu widmen, da es insbesondere für Netzwerke, ein wesentliches Tool für die Kommunikationsziele des Netzwerks nach innen und außen darstellt. Die professionelle Gestaltung, der Aufbau und eine weitreichende Benutzerfreundlichkeit erhöhen die Akzeptanz des Internets als Informationsquelle sowohl für Netzwerkpartner als auch für verschiedene externe Zielgruppen.

4.2 Rahmenbedingungen für Presse- und Öffentlichkeitsarbeit von Netzwerken in der sozialen Arbeit

Die Presse- und Öffentlichkeitsarbeit spielt im Non-Profit-Bereich eine große Rolle, wird aber leider häufig nicht entsprechend umgesetzt. Viele gesellschaftlich notwendige Aufgaben werden von Non-Profit-Organisationen wahrgenommen, die Öffentlichkeit erfährt jedoch nur selten etwas darüber. Das hat viel damit zu tun, dass es einerseits keine Mittel gibt, jemanden für professionelle Öffentlichkeitsarbeit einzustellen und es andererseits bei den Mitarbeitern vor allem an der Zeit, aber auch am fachlichen Know-how mangelt. Die inhaltliche Arbeit hat Vorrang und die Öffentlichkeitsarbeit kommt erst, wenn alles andere erledigt ist. Das bedeutet in Regel, dass nicht mehr viele Ressourcen für die Öffentlichkeitsarbeit zur Verfügung stehen. So werden Außenstehende, trotz der guten Absicht, nur selten über die Aktivitäten informiert.

Dabei wäre es gerade im Non-Profit-Bereich wichtig, mit der Gesellschaft über die geleistete Arbeit zu kommunizieren, um sowohl die Akzeptanz zu erhöhen als auch die Bedeutung der Leistung hervorzuheben.

Die Rahmenbedingungen und Voraussetzungen für professionelle Öffentlichkeitsarbeit sind jedoch im Non-Profit-Bereich nicht besonders gut:

- Staatliche Förderung für gemeinnützige Organisationen geht in vielen Bereichen zurück,
- Begrenzte finanzielle und zeitliche Budgets,
- Weniger strukturelle Förderung; mehr Projektförderung,
- Neue Einnahmequellen müssen erschlossen werden, z.B. Sponsoren oder Spendengelder geworben werden.

Insbesondere zur Akquise von Sponsoren und Spendengeldern sind Non-Profit-Organisationen zunehmend darauf angewiesen, gute und professionelle Öffentlichkeitsarbeit umzusetzen. Dabei steht keine Werbebotschaft im Mittelpunkt, sondern die öffentliche Resonanz der erfolgreichen Arbeit. Das gleiche gilt für Netzwerke in der sozialen Arbeit. Sie haben den Vorteil, dass die Netzwerkpartner ihre Ressourcen sinnvoll bündeln können, um die gemeinsame Sache in der

Öffentlichkeit zu präsentieren. Bei der gemeinschaftlichen Öffentlichkeitsarbeit ist eine zentrale Voraussetzung, dass die Federführung dafür eindeutig festgelegt und ein transparentes Verfahren gefunden wird, wie die Informationen für die Öffentlichkeit ausgewählt werden. Dafür kann beispielsweise – je nach Größe des Netzwerks – eine Arbeitsgruppe installiert werden, die das Thema Öffentlichkeitsarbeit vertritt. Damit sollte die Öffentlichkeitsarbeit zum verbindlichen Bestandteil der (all-)täglichen Arbeit werden.

Das Ziel der Öffentlichkeitsarbeit besteht für Netzwerke vor allem darin, ein positives Bild ihrer Arbeit zu vermitteln und Erfolge sichtbar zu machen. Dazu sollte die Öffentlichkeitsarbeit systematisch gestaltet sein und auch die Kontaktpflege zu Behörden, „Kunden" bzw. Zielgruppe, Presse etc. umfassen.

4.3 Zielgruppen bzw. Adressaten der Presse- und Öffentlichkeitsarbeit

Es gibt nicht die eine *Öffentlichkeit* für Maßnahmen der Presse- und Öffentlichkeitsarbeit. Es werden verschiedene Teilöffentlichkeiten als Adressatengruppen unterschieden, da nicht alle möglichen Adressaten für die Netzwerkarbeit gleich bedeutsam sind. Darüber hinaus sind nicht alle Adressaten mit den gleichen Instrumenten zu erreichen, daher zeigt die folgende Tabelle eine mögliche Unterscheidung der Zielgruppen in Teilöffentlichkeiten und entsprechende Kommunikationsinstrumente:

4 Presse- und Öffentlichkeitsarbeit für Netzwerke der sozialen Arbeit

Teil-öffentlichkeit	Adressaten	Kommunikationsziele	Kommunikationsinstrumente
Interne Öffentlichkeit	Netzwerkpartner, Mitarbeiter, Kooperationspartner, Beiräte, unterschiedliche Gremien, Spender und Sponsoren etc.	Motivation, Identifizierung, Bindung, Aktivierung	Einladungen, Sitzungen der verschiedenen Gremien, Netzwerktreffen, Protokolle, E-Mails, Internet, Intranet, geschlossene Foren, Jahresberichte, Rechenschaftsberichte etc.
Fach(politische) Öffentlichkeit	Verwaltung, Ausschüsse, Abgeordnete, Parteien, Institute, Wissenschaftler, Verbände etc.	Reputation, Profil, Unterstützung	Veranstaltungen, Fachvorträge, Fachbeiträge, Stellungnahmen, Berichte, Mitteilungen, Vorlagen, Newsletter, Internet etc.
„Kern"-Öffentlichkeit	Betroffene, Klienten, Interessierte, potenzielle Spender und Sponsoren, Initiativen und andere Netzwerke mit verwandten Zielen etc.	Reputation, Profil, Vertrauen, Bindung, Aktivierung	Flyer, Folder, Plakate, Anzeigen, Veranstaltungen, Informationsstände, Mailings, Aktionen
Medienöffentlichkeit	Journalisten, Leser, Hörer, Zuschauer, User („allgemeine" Öffentlichkeit)	Öffentliche Wahrnehmung, Sympathie	Pressemitteilungen, Presseeinladungen, Pressekonferenzen, Pressemappen und Pressefotos, (Fach-)Artikel, Leserbriefe, Informationen im Internet, Aktionen, Veranstaltungen etc.

Tab. 2 Teilöffentlichkeiten der Presse- und Öffentlichkeitsarbeit in der Netzwerkarbeit (mod. nach Franck, 2008: 24)

Die Übersicht hilft dabei, Maßnahmen der Öffentlichkeitsarbeit zu planen und festzulegen, welche Adressatengruppe wann mit welchen Informationen versorgt werden muss und welche Instrumente dazu zur Verfügung stehen. Die Definition und Priorisierung der Adressatengruppen macht die Öffentlichkeitsarbeit besser plan- und langfristig überschaubar. Da die verschiedenen Ziel- bzw. Adressatengruppen unterschiedliche Ansprüche an die Informationen haben, muss die Ansprache adressatengerecht erfolgen und sollte auch Stakeholderinteressen berücksichtigen bzw. nicht im Widerspruch zu diesen stehen.

4.3.1 Interne Öffentlichkeit

Die interne Kommunikation dient vor allem der Motivation, Aktivierung und Bindung der Netzwerkpartner. Alle Netzwerkpartner sollten gleichermaßen über Ziele, Maßnahmen und Beteiligungsmöglichkeiten informiert sein. Dazu müssen die Informationswege transparent sein und allen Netzwerkpartnern die Möglichkeiten gegeben werden, sich über Aktuelles zeitnah informieren zu können. Sinnvoll ist es, die Informationen dazu möglichst zielgerichtet und attraktiv aufzubereiten und mehr als nur formelle Protokolle im Internet als Informationsquellen zur Verfügung zu stellen (vgl. Kap. Wissensmanagement). Die verschiedenen Möglichkeiten der netzwerkinternen Kommunikation wurden in Kapitel 3 bereits ausführlich beschrieben.

4.3.2 Fach(politische)-Öffentlichkeit

Die Kommunikation mit der Fach(politischen)-Öffentlichkeit dient der Reputation, der Außendarstellung des Netzwerkprofils und der Einwerbung ideeller und/oder materieller Unterstützung. Im Bereich der Gesundheitsförderung hat es sich beispielsweise als sinnvoll erwiesen, Politiker zu öffentlichen Fachveranstaltungen einzuladen und mit ihnen gesundheitspolitische Fragestellungen in Podiumsdiskussionen zu erörtern.

Auch die öffentliche Übergabe von entsprechenden Preisen z.B. an Schulen oder Kitas durch den Oberbürgermeister einer Stadt hat sich als pressewirksam erwiesen. Damit wird einerseits Öffentlichkeit für das Netzwerk hergestellt und andererseits der Politiker mit dem Erfolg der Arbeit identifiziert. Bei der Fach-Öffentlichkeit sollten gezielt Experten und Multiplikatoren eingeladen werden. Um das öffentliche Interesse zu erregen, ist es darüber hinaus sinnvoll, Artikel gezielt in Fachzeitschriften oder Best-practice-Berichte in entsprechenden Datenbanken zu veröffentlichen.

4.3.3 „Kern"-Öffentlichkeit

Die „Kern"-Öffentlichkeit umfasst einerseits die Zielgruppe der Betroffenen oder „Klienten" sowie Sponsoren und Spender und weitere Stakeholdergruppen. Damit hat die Kommunikation mit der „Kern"-Öffentlichkeit als Ziele, neben der Reputation und Profilbildung, auch die Bindung von Betroffenen und Klienten sowie Aktivierung möglicher weiterer Partner und Sponsoren. Um die Betroffenen an das Netzwerk zu binden ist es wichtig, die Kontaktschwellen so niedrig wie möglich zu halten z.B. durch gute telefonische Erreichbarkeit.

Um neue Partner, Unterstützer oder Sponsoren zu gewinnen, ist es notwendig, Anliegen zielgruppenspezifisch so konkret wie möglich zu formulieren, z.b. für das Teilprojekt „Lecker Essen – gesund ernähren" (fiktiv) werden Lebensmittelspenden für Schulen gesucht. Dazu sollten die potenziellen Sponsoren dahingehend genau betrachtet und analysiert werden, ob die Unternehmensziele mit dem Anliegen und den Zielen des Netzwerks übereinstimmen. Wenn das Anliegen vorgetragen wird, muss der genaue Umfang des Spendenaufwands definiert sein und dargelegt werden können, welche Ziele damit erreicht werden und was der potenzielle Spender oder Sponsor davon hat.

4.3.4 Medienöffentlichkeit

Die Kommunikation und Ansprache unterschiedlicher Teilöffentlichkeiten führt nicht dazu, dass die allgemeine Öffentlichkeit erreicht wird. Dazu dient die Kommunikation mit der Medienöffentlichkeit. Sie steht für die öffentliche Wahrnehmung des Netzwerks und für die Erreichung einer breiten öffentlichen Aufmerksamkeit. Für die konkrete Netzwerkarbeit und die Erreichung der Ziele sind die „interne Öffentlichkeit", die „Fach(-politische)-Öffentlichkeit" sowie die „Kern-Öffentlichkeit" unmittelbar von zentraler Bedeutung. Die öffentliche Aufmerksamkeit kann jedoch mittelbar große Auswirkungen auf den Erfolg der Netzwerkarbeit haben. Mit steigendem öffentlichen Interesse wird es beispielsweise einfacher für das Netzwerk, Sponsoren oder politischen Rückhalt zu finden. Sowohl Sponsoren als auch Politiker können von dem Erfolg der Netzwerkarbeit profitieren können, wenn sie in der Öffentlichkeit mit dem Netzwerk identifiziert werden. Je stärker das öffentliche Interesse an einem Netzwerk ist, desto schwieriger wird es u.a. für die Politik, Mittel dafür zu kürzen. Ein hohes öffentliches Interesse führt dazu, diesem Netzwerk angehören zu wollen. Das erleichtert die Arbeit auf den verschiedenen Ebenen.

4.4 Methoden und Instrumente der Presse- und Öffentlichkeitsarbeit

Im Zentrum der Presse- und Öffentlichkeitsarbeit steht immer die Frage, was zu welchem Zweck kommuniziert werden soll. Dazu müssen zunächst die avisierten Ziele der Öffentlichkeitsarbeit priorisiert und die Zielgruppe definiert werden. Erst dann kann das passende „Instrument" bestimmt werden. Für die Kommunikation mit der Medienöffentlichkeit stehen verschiedene klassische Instrumente zur Verfügung, die im Folgenden kurz erläutert werden.

4.4.1 Pressearbeit

Ein Großteil der Kommunikation mit der Medienöffentlichkeit wird über Texte abgedeckt, das bedeutet, dass die Texte, die in die Öffentlichkeit getragen werden, der Spiegel des Netzwerks nach außen sind und damit wesentlich sein Image bestimmen. Veröffentlichte Texte des Netzwerks können dazu beitragen, dass das Netzwerk sein Profil schärft, sie können aber auch das Gegenteil bewirken und somit dem Netzwerk schaden (vgl. Franck, 2008). Daher ist es besonders wichtig, dass die Texte, die für die Medienöffentlichkeit bestimmt sind, mit besonderer Sorgfalt erstellt werden und den Ansprüchen von Journalisten genügen.

Grundsätzlich sollten die Texte verständlich und nicht zu wissenschaftlich formuliert sein. Die Texte müssen das Interesse der Leser wecken und sollen neugierig machen auf mehr. Zentral für das Schreiben gelungener Texte ist es, sich die Wünsche und Interessen der Zielgruppe vorstellen zu können und Antworten auf ihre potenziellen Fragen zu geben. Grundsätzlich gilt:

Die Texte sollen kurz, möglichst konkret und anschaulich sein. Dazu sollte weniger auf Substantive gesetzt und mehr Verben verwendet werden. Auch Fremdwörter sollten nur in Maßen gebraucht werden. Hierbei gilt, dass Fremdwörter dann sinnvoll sind, wenn ein passender deutscher Begriff dafür fehlt. Auch auf Adjektive kann häufig verzichtet werden. Je nach Textart, können sie jedoch dazu beitragen, einen Text spannender und anschaulicher zu gestalten oder eine Situation zu bewerten. Aber auch für sie gilt, dass sie einen Text nicht dominieren sollten.

Folgende Regeln sollten beim Schreiben außerdem beachtet werden:

1. Kurze, prägnante Sätze formulieren, keine komplizierten Schachtelsätze (max. 18 bis 25 Wörter).
2. Sätze immer aktiv und positiv formulieren und Verneinungen vermeiden.
3. Pronomen nur zurückhaltend und eindeutig verwenden; Redundanzen vermeiden.
4. Die Kernaussage eines Satzes in den Hauptsatz schreiben.

> **Wesentliche Instrumente der Pressearbeit im Überblick:**
>
> - **Pressetexte**
>   z.B. Pressemitteilung, Pressemeldung, Presseeinladungen, Presseankündigung, Presseerklärung etc.
> - **Presseveranstaltung**
>   z.B. Pressekonferenz, Fachpressekonferenz, Pressegespräch etc.
> - **Pressematerial**
>   z.B. Pressemappe, Pressefoto, Grafiken, Basistexte (Hintergrundinformationen) etc.
> - **Journalistische Texte**
>   z.B. Zeitungs- und Zeitschriftenartikel, Pressebericht, Presse-Interview, Presse-Statement, Reportage etc.

4.4.1.1 Pressetexte/Pressemitteilung

Die *Pressemitteilung* und die *Pressemeldung* unterscheiden sich im Wesentlichen durch ihren Umfang. Während eine Pressemeldung nicht länger als 15 Zeilen sein sollte und im Nachrichtenstil geschrieben wird, kann eine Pressemitteilung durchaus eine Länge von bis zu drei Seiten umfassen und dabei auch ausführlicher auf die Inhalte eingehen.

Die Pressemitteilung gehört zu den am häufigsten eingesetzten Instrumenten in der Presse- und Öffentlichkeitsarbeit, weil sie ein sehr unkompliziertes Instrument darstellt, um die Presse zu erreichen und gleichzeitig alle Informationen mit ihr transportiert werden können. In Deutschland landen täglich unzählige Pressemitteilungen bei Journalisten in den Redaktionen von Zeitungen, Hörfunk, Fernsehen und Online-Redaktionen und sie haben die Qual der Wahl. Um in der Masse der eingehenden Nachrichten aufzufallen, müssen Pressemeldungen oder auch Pressemitteilungen daher einen besonderen Wert für die Redaktionen haben. Im Bereich der sozialen Netzwerkarbeit kann dies z.B. der Mehrwert für die Region bedeuten und ist damit für die Lokalpresse interessant.

Fiktives Beispiel

Kölner Netzwerk für Gesundheitsförderung & Prävention

Pressemitteilung 22. Juni 2012

Startschuss für neue Wege zu mehr Gesundheit
– dies verspricht das Kölner Netzwerk für Gesundheitsförderung & Prävention

Bis zu 30 Prozent übergewichtige Kinder und Jugendliche, die Verschiebung von körperlichen auf seelische Erkrankungen schon im Kindesalter sowie die zunehmende Vereinsamung älterer Menschen – das ist das Motiv für uns, die Initiative „KommungA©"[10] in Köln zu starten, so die Sprecherin des Netzwerks, Anneliese Müller, Gesundheitsamt (Person fiktiv).

Mit einem völlig neuen Konzept möchte das Kölner Netzwerk für Gesundheitsförderung & Prävention den Stadtteil XY – als Pilotregion – so modernisieren, dass er alle Bürgerinnen und Bürger zu mehr Bewegung einlädt. In dem Kölner Netzwerk haben sich die Stadt Köln mit den zuständigen Ämtern, Träger der Jugendhilfe, Sportselbstorganisation, Wissenschaft und Krankenkassen sowie ortsansässige Unternehmen und Stiftungen zusammengetan, um die Gesundheit der Menschen in XY zu fördern und ein gesundes Altern in der Kommune zu ermöglichen. Dazu sollen neue Geh- und Fahrradwege gebaut und gestaltet werden, die kinderfreundlich und barrierefrei sind. Insbesondere für Kinder und ältere Menschen soll es möglich sein, die Schule oder den Verein selbstständig erreichen zu können oder das Nötigste einkaufen zu können und dabei nicht auf oder fremde Hilfe angewiesen zu sein, so Frau Prof. Meyer (Person fiktiv), Deutsche Sporthochschule Köln. Gerade die Zielgruppen der Kinder und der älteren Menschen profitieren besonders von den gesundheitsfördernden Effekten einer sog. erhöhten „Walkability", so Meyer weiter.

Darüber hinaus berücksichtigt das Konzept Räume, die zum Verweilen einladen. So sollen kleine „grüne" Ruhe-Inseln entstehen, die zum Entspannen und klönen einladen und damit die Geselligkeit im „Veedel" fördern. Die Bürgerinnen und Bürger – insbesondere in Deutschlands Großstädten – vereinsamen zusehends und Depressionen im Alter nehmen zu. Daher möchte das neue, gesundheitsfördernde Stadtentwicklungskonzept nicht nur zu mehr

---

10 KommungA© (Graf, Quilling, 2012)

Bewegung anregen, sondern auch zentrale Treffpunkte schaffen, die zum gemeinsamen Austausch und Verweilen anregen. Begleitet wird das Projekt von einer groß angelegten Kampagne im Sinne der Trimm-Dich-Kampagne der 70er Jahre. Die wissenschaftliche Evaluation erfolgt durch die Deutsche Sporthochschule Köln. Finanziert wird das Projekt aus Mitteln des Europäischen Sozialfonds (ESF), der Kommune sowie der beteiligten Stiftungen und Krankenkassen.

Mehr zum Thema neue Wege zu mehr Gesundheit finden Sie unter:
www.xyz.de

Ansprechpartnerin Presse:
Anneliese Müller, Telefon; E-Mail

Anschrift:
Kölner Netzwerk für Gesundheitsförderung & Prävention
Straße; PLZ; Ort
Telefon; E-Mail

Im Gegensatz zur Pressemitteilung, besticht die Pressemeldung durch ihre Kürze, die allerdings auch die Gefahr birgt, dass Sachverhalte verkürzt oder falsch wiedergegeben werden, da zu viel Raum für Interpretation bleibt. Die ausführlichere Pressemitteilung hingegen kann die Sachverhalte und Zusammenhänge so erklären, dass sie auch von fachfremden Personen verstanden werden.

Die *Presseeinladung* dient nur dazu, die Presse aufmerksam zu machen auf eine Veranstaltung wie beispielsweise eine Pressekonferenz. Dazu sollte kurz der Inhalt genannt werden sowie die Vertreter, die auf der Pressekonferenz sprechen. In der Netzwerkarbeit kommt es darauf an, Partner für die Pressekonferenz zu gewinnen, die sich einerseits für die Arbeit im Netzwerk begeistern und andererseits einen „Prominenzfaktor" besitzen und damit das Interesse z.B. der Lokal-Presse steigt. So kann es von Vorteil sein, wenn beispielsweise der Oberbürgermeister einer Stadt die Schirmherrschaft über das Netzwerk übernimmt und damit das öffentliche Interesse gesteigert wird. Die Presseeinladung gibt Auskunft darüber:

- wer einlädt,
- wo und wann die PK stattfindet,
- was der Anlass der PK ist,
- wer die Gesprächspartner sind und
- wer Auskunft bei Rückfragen zur PK erteilen kann.

Fiktives Beispiel

Kölner Netzwerk für
Gesundheitsförderung & Prävention

Einladung zur Pressekonferenz
Freitag, 22. Juni 2012, 11.30 Uhr
Rathaus Köln

(Datum, Ort)

„KommungA" – Gesund Aufwachsen und älter werden im Veedel

Sehr geehrte Damen und Herren,

das Kölner Netzwerk für Gesundheitsförderung & Prävention ist ein Zusammenschluss von verschiedenen Ämtern der Stadt Köln, Trägern der Jugendhilfe, Sportselbstorganisation, Wissenschaft und Krankenkassen sowie ortsansässigen Unternehmen und Stiftungen. Mit einem neuen Konzept möchte das Kölner Netzwerk den Problemen von Übergewicht und Adipositas sowie der Verschiebung von körperlichen auf seelische Erkrankungen schon im Kindesalter und der zunehmenden Vereinsamung älterer Menschen begegnen.
Das innovative und ganzheitliche Konzept zur Gesundheitsförderung im Stadtteil möchten wir Ihnen auf der Pressekonferenz im Kölner Rathaus vorstellen, zu der ich Sie herzlich einlade.

Teilnehmerinnen und Teilnehmer der PK sind:
- XY, Oberbürgermeister der Stadt Köln
- Prof. XY, Deutsche Sporthochschule Köln
- XY, Krankenkasse
- Anneliese Müller (Person fiktiv), Sprecherin des Kölner Netzwerks für Gesundheitsförderung & Prävention

Sommerliche Grüße
Anneliese Müller

Fragen zur PK beantwortet Ihnen:
Anneliese Müller, Telefon; E-Mail

Anschrift:
Kölner Netzwerk für Gesundheitsförderung & Prävention

Straße; PLZ; Ort
Telefon; E-Mail

Darüber hinaus kann die sog. *Presseankündigung* als sinnvolles Instrument für die Netzwerkarbeit gezielt genutzt werden. Während die Presseeinladung die Journalisten zu einer Presseveranstaltung wie einer PK einlädt, soll die Presseankündigung die breite Öffentlichkeit ansprechen und dient der Ankündigung einer Veranstaltung öffentlichen Interesses in den Medien. Wenn das fiktive Netzwerk z.B. einen kostenlosen, gemeinsamen Tag der offenen Tür mit verschiedenen Schnupperangeboten, Aktionen und Fachvorträgen im Stadtteil anbietet, von dem möglichst viele Bürger davon profitieren sollen.

Die Presseankündigung sollte daher Antworten auf folgende Fragen geben:

- Wer lädt zu dem Tag der offenen Tür ein?
- Wann findet der Tag der offenen Tür statt?
- Wo findet der Tag der offenen Tür statt?
- Für wen ist der Tag der offenen Tür geeignet oder interessant?
- Ist das Angebot kostenpflichtig?
- Welche Highlights sind zu erwarten?
- Wer ist der Ansprechpartner für Rückfragen (mit Telefonnummer, E-Mail-Adresse etc.)?

Die Presseankündigung sollte mit der „Bitte um Veröffentlichung" enden. Wenn es das Ziel ist, dass auch die Presse über den Tag der offenen Tür berichtet, sollte neben der Presseankündigung zusätzlich eine Presseeinladung nach obigem Beispiel erfolgen.

4.4.1.2 Presse- bzw. Medienverteiler

Damit die Presseeinladung bzw. die Pressemitteilung auch veröffentlicht bzw. gedruckt werden kann, muss ein sog. Medien- oder Presseverteiler aufgebaut und gepflegt werden. In diesen Verteiler gehören die Kontaktdaten der Medien, die erreicht werden sollen. Das kann je nach Größe des Netzwerks sehr unterschiedlich aussehen. Bei Netzwerken, die jedoch hauptsächlich auf der lokalen Ebene agieren, ist es sinnvoll vor allem folgende Medien zu berücksichtigen:

- Lokale Tageszeitungen
- Stadtmagazine
- Wochenzeitungen
- Kirchenzeitungen
- Anzeigenblätter
- Onlinezeitungen
- (Lokale) Radiosender
- Regionalstudios von Radio- und Fernsehsendern
- Presseagenturen

Zur einfachen Handhabung ist es sinnvoll, im eigenen E-Mail-Management-Programm einen Unterordner „Presseverteiler" zu erstellen. Das ermöglicht das direkte Versenden der Presseeinladung oder Pressemitteilung aus dem E-Mail-Verteiler heraus und es entsteht keine zusätzliche Versandarbeit. Damit die Pressearbeit zur Routine wird, sollte diese zusätzliche Arbeit so weit es geht vermieden werden.

4.4.1.3 Presseveranstaltung/Pressekonferenz

Es gibt zahlreiche Veranstaltungsformen, zu denen die Presse eingeladen wird bzw. die nur für die Presse veranstaltet werden – von der klassischen Pressekonferenz über das Pressegespräch bis hin zur eigens organisierten Pressereise. Für die Netzwerkarbeit ist eines der wichtigsten Instrumente. Die Pressekonferenz.

Zunächst muss es einen aktuellen Anlass für eine Pressekonferenz geben. Themen und Inhalte, die genauso gut in einer Pressemitteilung erläutert werden können, sollten nicht künstlich hochstilisiert werden zu einer Pressekonferenz. Der Mehrwert einer PK kann u.a. sein, dass verschiedene Protagonisten unterschiedliche Perspektiven vertreten und gemeinsam diskutieren. Im Vergleich zur Pressemitteilung ist die PK sowohl für die Veranstalter als auch für die Journalisten mit einem größeren Aufwand verbunden, der sich lohnen sollte. Durch eine PK geht den Journalisten zwei bis drei Stunden Arbeitszeit in der Redaktion verloren, daher erwarten sie eine gute Ausbeute. Dazu gehört aus der Sicht der Redakteure z.B. eine lebhafte Diskussion zu kontroversen Themen, hochkarätige Teilnehmer oder ob erstmalig neue Sachverhalte bekannt gegeben werden. Darüber hinaus ist es für Journalisten wichtig zu wissen, ob es interessante Bilder vor Ort für Zeitungen oder für das Fernsehen einzufangen gibt. Zu einer gut vorbereiteten PK gehört neben dem lohnenden Gespräch mit den Teilnehmern auch ausführ-

4 Presse- und Öffentlichkeitsarbeit für Netzwerke der sozialen Arbeit

liches Material z.B. mit Hintergrundinformationen, vorbereiteten Grafiken oder Fotos etc. Nach der Begrüßung und der Vorstellung der Teilnehmer durch einen „Moderator", führt dieser kurz in die Thematik ein, bevor die Teilnehmerinnen und Teilnehmer der Reihe nach durch eigene Beiträge selbst Stellung beziehen. Je nach Größe des Teilnehmerkreises sollten diese Statements kurz und prägnant und daher gut vorbereitet sein.

Typischer Ablauf einer PK im Überblick:

Eröffnung
- Begrüßung (anteilig ca. 1 Prozent)
- Vorstellung der Teilnehmer (anteilig ca. 3 Prozent)
- Einstieg ins Thema (anteilig ca. 1 Prozent)

Hauptteil
- Statements (anteilig ca. 30 Prozent)
- Fragen der Journalisten (anteilig ca. 60 Prozent)

Schluss
- Kurze Zusammenfassung (anteilig ca. 2 Prozent)
- Verabschiedung (anteilig ca. 1 Prozent)

Empfehlung:
Zeit für informellen Austausch bei kleinen Snacks einplanen und den Journalisten die Möglichkeit geben, Interviews oder Statements einzuholen.

(Bentele, Nothaft, 2006: 26 ff.)

Auf den Statement-Teil folgt – im Rahmen des Hauptteils – die Fragenrunde der Journalisten und/oder eine anschließende Diskussion. Nach einer kurzen Zusammenfassung bedankt sich der Moderator für das Kommen und verabschiedet die Journalisten und Gäste und schließt damit den offiziellen Teil der PK. Sinnvoll ist es, nach dem offiziellen Teil, Zeit einzuplanen, bei der die Journalisten die Gelegenheit haben kurze Interviews mit einzelnen Teilnehmern zu führen, O-Töne bzw. Statements einzuholen oder für informelle Gespräche.

4.4.1.4 Pressematerial/Pressemappe

Das wichtigste Material – insbesondere für Pressekonferenzen – sind die Pressemappen mit Pressefotos, Grafiken, Basistexten mit Hintergrundinformationen sowie Lebensläufen der Teilnehmer. Die Pressemappe ist eine C4- oder A4-Übergrößen-Mappe, die als Pressemappe erkennbar ist und die vielleicht auch einen Logoaufdruck enthält und/oder dem Corporate Design des Netzwerks entspricht – das kann auch durch die Farbauswahl der Mappe erreicht werden, ein Art Wiedererkennungsmerkmal ist für die Wahl der Mappe sinnvoll.

Das sollte die *Pressemappe* für eine Pressekonferenz enthalten:

- „Programm" der PK,
- Liste mit anwesenden Gesprächspartnern mit vollständigem Namen, Institution und Funktion,
- Kurz-Lebensläufe der Teilnehmer mit geeigneten Portraitfotos,
- verschriftlichte Statements der Teilnehmer, die Journalisten als Zitate verwenden können,
- Kurzprofil des Netzwerks mit seinen Mitgliedern,
- Visitenkarte z.B. des Netzwerksprechers,
- ein bis drei Grafiken, Fotos und andere Visualisierungen,
- Factsheet mit Daten, Zahlen und Fakten im Überblick,
- drei bis fünf Basistexte mit Hintergrundinformationen zum Thema, zu Produkten und Dienstleistungen sowie das Leitbild des Netzwerks.

Für die Bilder und Grafiken gilt, dass sie mit unverwechselbaren Bildunterschriften versehen sein und den technischen Anforderungen der verschiedenen Redaktionen entsprechen müssen. Grafiken, Bilder und andere Dateien können auf CDs oder USB-Sticks mit in die Pressemappe gelegt oder zum Download zur Verfügung gestellt werden (vgl. Bentele, Nothaft, 2006).

4.4.1.5 Journalistische Texte/Redaktionelle Beiträge

Eine weitere wichtige Möglichkeit, das Netzwerk bzw. die Netzwerkarbeit in der Öffentlichkeit zu präsentieren, besteht darin, redaktionelle Beiträge wie Artikel, Berichte, Interviews o.ä. zu verfassen und diese Zeitungen und/oder Zeitschriften anzubieten bzw. gemeinsam mit diesen z.B. anlässlich von Sonderbeilagen zu bestimmten Schwerpunktthemen gezielt zu planen. Redaktionelle Beiträge zielen in der Regel darauf ab, ein bestimmtes (Fach-)Publikum zu erreichen, ähnlich wie bei Interviews. Für die verschiedenen journalistischen Texte gelten die zu Beginn des Kapitels aufgeführten Regeln zum Verfassen von Texten für die Presse. Weiterführende Literaturempfehlungen zur Vertiefung des Themas professionelle Presse- und Öffentlichkeitsarbeit finden sich im Anhang.

4.4.2 Instrumente der Öffentlichkeitsarbeit

Mit einer erfolgreichen Pressearbeit, wie in Kap. 4.4.1 dargestellt, ist schon ein wesentlicher Teil der Öffentlichkeitsarbeit erledigt. Jedoch können auf diesem Weg nicht alle Zielgruppen erreicht werden. Auch ein sehr guter Artikel in einer Fachzeitschrift kann nicht alle Botschaften übermitteln und erreicht vor allem nur bestimmte, ausgewählte Zielgruppen.

Eine gute Pressearbeit dient dazu, eine breite Öffentlichkeit auf das Netzwerk aufmerksam zu machen, was häufig zur Folge hat, dass vermehrt Anfragen auf das Netzwerk zukommen. Eine so generierte Nachfrage, z.B. nach mehr Informationen, sollte entsprechend befriedigt werden können. Dafür sollten Informationsmedien bereit gehalten werden, die verschiedenen Ansprüchen gerecht werden. So ist es z.B. sinnvoll, Flyer oder Broschüren des Netzwerks vorrätig zu haben, die zielgruppengerecht aufbereitet und versendet werden können. Interessenten, die gern Netzwerkpartner werden möchten, benötigen andere Informationen als solche, die die einzelnen Angebote des Netzwerks nutzen wollen. Hier werden ganz praktische Informationen benötigt wie z.B. der genaue Ort eines „Bewegungsgartens", der Verlauf einer Laufstrecke oder ein QiGong-Angebot.

Neben den klassischen Instrumenten der Pressearbeit, stehen auch Netzwerken weitere Instrumente der Öffentlichkeitsarbeit und des Marketings zur Verfügung wie zum Beispiel:

- Anzeigen
- Flyer und Folder
- Mailings und Newsletter
- Plakate
- Fachvorträge und (Fach-)Veranstaltungen
- Internetauftritt
- U.v.m.

An dieser Stelle wird darauf verzichtet, alle Möglichkeiten der Öffentlichkeitsarbeit und des Marketings zu beschreiben, sondern es wird sich bewusst auf „Machbares" im Rahmen der tertiären Netzwerkarbeit beschränkt. Welches Instrument für welchen Zweck, Anlass oder Zielgruppe sinnvoll genutzt werden kann, wird auf den nächsten Seiten kurz skizziert.

Grundsätzlich gilt, dass alle Formen der sog. „Marketingkommunikation" ihre Adressaten/Zielgruppen für ihr Unternehmen – in diesem Fall für ihr Netzwerk – und seine Produkte bzw. Dienstleistungen einnehmen wollen. Die entsprechenden Kommunikationsinstrumente enthalten eine (Werbe-)Botschaft. Als Werbung wird die bezahlte, nicht persönliche Präsentation eines Produkts für ein breites Publikum bezeichnet. Menschen sollen durch den Einsatz spezifischer Kommunikationsinstrumente zu einem bestimmten Verhalten veranlasst werden, das mit den Zielen des Netzwerks übereinstimmt. Aus der klassischen Marketingsicht heraus sind die Ziele der Kommunikationspolitik u.a:

- Aufmerksamkeit erreichen
- Bekanntheit steigern
- Wissen vermehren
- Einstellungen aufbauen
- Stärkung der „Kaufabsicht"
- Bestätigung der Kaufentscheidung
- Initiierung des Kaufs

Diese Ziele treffen zum Teil auch für die Öffentlichkeitsarbeit von Netzwerken zu und können wie im klassischen Marketing mit der so genannten AIDA-Formel beschrieben werden:

	englisch	deutsch
A	Attention	Aufmerksamkeit erregen
I	Interest	Interesse wecken
D	Desire	Drang (Wunsch) verstärken
A	Action	Aktion herbeiführen (Handlung)

(Nach Elmo Lewis, 1919)

Zu erst muss festgelegt werden, was das Ziel der Kommunikation bzw. der Botschaft ist und wer mit der Botschaft erreicht werden soll. Die Definition der Zielgruppe muss vor der Wahl des Instruments erfolgen, mit dem diese erreicht werden soll.

Bevor also festgelegt wird, ob z.b. eine Anzeige in einer Tageszeitung geschaltet oder ein Flyer gedruckt wird, müssen Ziel und Zielgruppe genau definiert sein. Nur dann kann eine passgenaue Ansprache mit dem optimalen Medium erfolgen. Dieser Grundsatz gilt für alle Aktivitäten der Öffentlichkeitsarbeit. Darüber hinaus sollte beachtet werden, dass eine gewisse Kontinuität der Öffentlichkeitsarbeit gewährleistet wird. Dazu gehört einerseits die wiederkehrende Erwähnung in der Presse, aber andererseits auch die Aktualität des Infomaterials, das z.b. halbjährlich verschickt wird oder eine wiederkehrende Veranstaltung wie ein Tag der offenen Tür oder ein Fachkongress. Im Folgenden werden einige Instrumente der Öffentlichkeitsarbeit für eine erfolgreiche Netzwerkarbeit genauer betrachtet.

4.4.2.1 Anzeigen in Zeitungen

Wenn die Wahl des Mediums beispielsweise auf die (Tages-)Zeitung fällt, dann sollte die Auflagenzahl beachtet werden und wer die Zielgruppe der Zeitung ist. Stimmt die Lesergruppe mit der Zielgruppe überein oder gibt es eine große Schnittmenge, dann kann sich eine Anzeige in der Zeitung bezahlt machen.

Wenn z.B. viele junge Menschen unter 20 Jahren in einer bestimmten Kommune erreicht werden sollen, ist wahrscheinlich die Frankfurter Allgemeine Sonntagszeitung nicht das Medium der Wahl. Hier könnte sich das Internet als das richtige Medium erweisen.

Darüber hinaus sollte bei einer Anzeige in einer Zeitung eine genaue Kosten-Nutzen-Kalkulation gemacht werden, da solche Anzeigen, insbesondere in auflagestarken Tageszeitungen, nicht preiswert sind.

Mehr noch als bei anderen Instrumenten, gilt für die Gestaltung der Anzeige in der Zeitung: *Weniger ist mehr*. Anzeigen sollten nicht mit Texten überfrachtet werden, da damit ihre aufmerksamkeitsziehende Wirkung verloren geht. Auch für große Anzeigenfelder gilt daher ein sparsamer Umgang mit Textpassagen.

Die Hauptaufgabe der Anzeige besteht darin, das Interesse der Leser zu wecken. Ein Slogan, der direkt mit dem Netzwerknamen verknüpft werden kann, wäre hierfür optimal wie z.B. der neue Lauftreff des Netzwerks: „Lauf mit, bleib fit" – Ihr Kölner Netzwerk für Gesundheitsförderung & Prävention.

Wichtig bei der Anzeigengestaltung ist das Zusammenspiel von Text und Überschrift. Hierbei sollte darauf geachtet werden, dass der Text die Aussage des Titels noch einmal aufgreift und darüber hinaus in klar erkennbare Absätze gegliedert ist. Das Logo des Netzwerks sollte gut sichtbar platziert sein, ebenso wie eine Kontakt- bzw. Internetadresse für weitere Informationen. Die ausgewählten Grafiken, Bilder oder Logos sollten stets den Anforderungen der Druckvorgabe genügen, damit ihre Qualität gewährleistet werden kann. Auch die Qualität der Texte sollte entsprechend hochwertig sein, d.h. es sollten sich keine Rechtschreib-

oder Zeichenfehler in Anzeigentexte einschleichen, daher sollte unbedingt der Korrekturabzug der Anzeige vor der Druckfreigabe geprüft werden.

Grundsätzlich gilt für Anzeigentexte:

- Einfache, kurze Sätze verwenden.
- Fremdworte und Fachvokabular vermeiden.
- Ansprechende Formulierungen wählen.
- Bildaussage und Text müssen zueinander passen.

4.4.2.2 Flyer, Folder und Plakate

Um beispielsweise Veranstaltungen anzukündigen, auf die Nachfrage nach mehr Information reagieren zu können oder das Angebot des Netzwerks im Überblick zu veröffentlichen, eignen sich Handzettel (Flyer) oder Faltblätter (Folder) in unterschiedlichen Ausführungen. Die begriffe Flyer und Folder etc. werden häufig synonym gebraucht. Der klassische Handzettel (auch Flugblatt oder Flyer genannt) zeichnet sich dadurch aus, dass die Botschaft, die kommuniziert werden soll, auf ein normales Blatt Papier gedruckt wird. Das macht ihn als Instrument der Öffentlichkeitsarbeit insofern interessant, als er in der Herstellung besonders preiswert ist. Er wird jedoch häufig für die Verbreitung politischer Botschaften und kommerzieller Werbung genutzt, was seine Attraktivität als Informationsträger erheblich einschränkt. Der Einsatz eines Flyers sollte sorgfältig überlegt sein. Wenn die Zielgruppe und die Botschaft eindeutig definiert sind, dann kann es durchaus sinnvoll sein, einen Flyer gezielt einzusetzen, z.B. als zusätzliches Beiblatt in einer Broschüre oder einem Folder, das zu einer aktuellen Veranstaltung einlädt oder den neuen Lauftreff im Stadtteil präsentiert. Diese Flyer können aber auch einzeln Verwendung finden, z.B. als Auslage im Bürgerzentrum, Gemeindehaus, Supermarkt etc. Ein guter Flyer kann mit wenig Aufwand und ohne großes Budget das Interesse der Bürger in einem Stadtteil für bestimmte Angebote wecken.

Ein Folder dagegen kann auch aufwändiger gestaltet und produziert werden, d.h. ihn gibt es in sehr unterschiedlichen Qualitäten – von sehr einfach, auf 80-Gramm-Papier gedruckte und gefalzte Information, bis hin zur Mini-Hochglanz-Broschüre.

Daher eignet sich der Folder sehr gut z.B. zur Selbstdarstellung eines Netzwerks mit seinen Zielen, Hintergrundinformationen und Partnern. Außerdem wird der Folder gern genutzt zur Ankündigung von Veranstaltungen, die mehrere Programmpunkte haben und bei denen es den Veranstaltern wichtig ist, erstens Zusatzinformationen zu bieten und zweitens Raum für Logos von Partnern zu haben. Der Folder ist in der Regel darauf ausgelegt, dass er häufiger in die Hand genommen werden soll. Daher wird meistens dickeres Papier gewählt als beim Flyer und mehr Zeit in die Gestaltung investiert. Neben dem teureren Papier und der investierten Zeit für die Gestaltung, müssen Folder gefalzt werden – das alles macht ihn deutlich kostenintensiver. Dafür hat er eine deutlich höhere Bestandsdauer als der Papier-Flyer.

Sowohl für den Flyer als auch für den Folder gilt, dass sie nicht überfrachtet werden dürfen. Mit Textpassagen sollte sparsam umgegangen und sich auf das Wesentliche konzentriert werden. Zu viel Text macht die Leser träge und die wesentliche Information erreicht die Zielgruppe nicht. Außerdem sollte darauf geachtet werden, dass der Flyer nicht zu sehr an herkömmliche kommerzielle Werbung erinnert. Die Leser müssen sich auf den ersten Blick angesprochen fühlen und sofort erfassen können, worum es in dem Flyer oder Folder geht. Daher sollte auf der Vorderseite des Flyers ein Blickfang abgebildet sein, der das Thema sofort erkennen lässt. Die Rückseite kann für Informationen wie Ansprechpartner und Kontaktadresse genutzt werden. Wie bei der Anzeige, muss auch hier darauf geachtet werden, dass Text und Bildgestaltung miteinander korrespondieren. Der Folder bietet mehr Möglichkeiten zur Verteilung der Informationen und kann daher besser auf die Bedürfnisse der Leser angepasst werden, da hier nicht nur Vorder- und Rückseite zur Verfügung stehen. Soll beispielsweise eine Selbstdarstellung für das Netzwerk als Folder hergestellt werden, kann die Information wie folgt aufgeteilt werden:

Beispiel Folder-Aufteilung:

1. Vorderseite: Netzwerkname und Logo
2. Innenseite 1: Leitbild oder Qualitätskriterien des Netzwerks
3. Innenseite 2: Angebote des Netzwerks
4. Innenseite 3: Vision und Ziele des Netzwerks
5. Außenseite: Partner des Netzwerks
6. Rückseite: Ansprechpartner/Kontaktadresse

Der Folder bietet viele Formate und Möglichkeiten: Verschiedene Größen, Falzarten und Variationen der Schnittkanten. Hier kennt die Kreativität keine Grenzen. Jedoch sollte eine außergewöhnliche Form nicht noch durch eine noch außergewöhnlichere Farbkomposition übertroffen werden. Bei der Gestaltung sollte man sich auf ein außergewöhnliches Merkmal einigen und nicht verschiedene kombinieren.

Die Botschaft soll im Mittelpunkt stehen – der Folder dient nur als Informationsträger. Daher sollte bei der grafischen Gestaltung darauf geachtet werden, dass die Informationen lediglich durch die Gestaltung unterstützt und nicht von ihnen ablenkt. Das bedeutet, dass das Layout klar und übersichtlich gestaltet sein sollte (vgl. Franck, 2008):

- Nicht zu viele Bilder einsetzen
- Kurze Überschriften verwenden
- Überschriften und Zwischenüberschriften sinnvoll einsetzen
- Texte und Aufzählungen in Sinneinheiten gliedern
- Max. zwei Schrifttypen verwenden
- Max. vier Schriftgrößen einsetzen (Überschrift, Zwischenüberschrift, Text, Bildunterschrift)
- Unterschiedliche Farben sparsam einsetzen
- Lesbarkeit des Textes sicherstellen

Für Plakate gilt, dass sie hauptsächlich Aufmerksamkeit erregen und die Neugierde des Betrachters wecken sollen, d.h. Plakate müssen auffallen und vertragen im Verhältnis deutlich weniger Information als ein Flyer oder Faltblatt.

Da Plakate auffallen sollen, müssen sie:
1. eine gewisse Größe aufweisen – abhängig vom Ort, an dem sie aufgehängt werden sollen (in öffentlichen Räumen wie Bezirksrathäusern, Volkshochschulen oder auch Geschäften des täglichen Bedarfs können u.U. DIN-A2-Plakate ausreichen, draußen sollten Plakate mind. DIN-A1-Größe haben, um entsprechend aufzufallen),
2. möglichst so hängen, dass viele Menschen das Plakat sehen können und
3. mit hell-dunkel-Kontrasten oder Text-Bild-Gegensätzen wirksam gestaltet sein.

Bei Plakaten dient die gewollte Irritation zur Herstellung der Aufmerksamkeit des Betrachters, damit dieser mehr darüber erfahren möchte und sich die Information genauer ansieht. Damit ist nicht gemeint, dass das Plakat z.B. möglichst bunt sein muss, um aufzufallen. Ein Plakat muss klar strukturiert sein und Farben bewusst eingesetzt werden, um eine bestimmte Wirkung zu erzielen. Das heißt auch bei dem Plakat kommt es wie bei den anderen Druckerzeugnissen, auf die gelungene Komposition von Inhalt und grafischer Gestaltung an – Text und Bild sollen sich gegenseitig verstärken und nicht in Konkurrenz zueinander treten.

4.4.2.3 Internetauftritt, Social Networks und Foren
Das Internet bietet – neben den klassischen Printmedien – vielfältige Möglichkeiten, um mit unterschiedlichen Teil-Öffentlichkeiten, die für ein Netzwerk von Interesse sind, zu kommunizieren. Der klassische Internetauftritt gehört inzwischen dazu. Er findet sich fast überall, auch wenn er noch so einfach strukturiert und auf manchen Websites nur eine Art Selbstdarstellung zu finden ist. Er ist für die Darstellung eines Unternehmens, Vereins oder eines Netzwerks zu einem zentralen Element der öffentlichen Präsentation und Diskussion geworden. Darüber hinaus bietet das Internet auch die Möglichkeit, via E-Mail zu kommunizieren und z.B. Newsletter zu versenden oder interaktiv in den Dialog zu treten. Dies kann z.B. mithilfe von Chatrooms oder Foren oder das Bereitstellen von Dokumenten zum Download via FTP (File Transfer Protocol) geschehen. So bietet es sich an, die verschiedenen Möglichkeiten des Internets passgenau für die jeweilige Teil-Öffentlichkeit und ihre Bedürfnisse zu nutzen wie z.B:

Elektronische Kommunikationswege	Teil-Öffentlichkeit
E-Mail; Website mit (geschützten) Foren und geschlossenen Benutzergruppen etc. mit Informationen wie Protokollen oder der Möglichkeit an gemeinsamen Dokumenten o.ä. zu arbeiten. Gute Möglichkeit zur Darstellung der einzelnen Netzwerkpartner, sinnvoll sowohl für die interne als auch für die externe Öffentlichkeit. Hier sollte darauf geachtet werden die Informationen in ein einheitliches Raster zu bringen, damit es für die Zielgruppen/die „User" einfacher ist die relevanten Informationen (wieder) zu finden.	Interne Öffentlichkeit
E-Mail; Newsletter; Website; öffentliche Foren und Social Networks mit fachlichen Inhalten und Neuigkeiten aus der Netzwerkarbeit sowie einer transparenten Darstellung über die Ziele, Inhalte und Angebote sowie Qualitätssicherung und die Partner des Netzwerks mit ihren Angeboten.	Fach(politische) Öffentlichkeit
Website; Newsletter; öffentliche Foren und Social Networks mit Inhalten, die zielgruppenrelevant sind und die Kernöffentlichkeit aufmerksam machen auf die Netzwerkarbeit und ihre vielfältigen Angebote. Auch für diese Zielgruppe ist auf eine transparente und verständliche Darstellung der Ziele, Inhalte und Angebote sowie Qualitätssicherung und der Partner des Netzwerks mit ihren Angeboten zu achten.	„Kern"-Öffentlichkeit
Website – eigener Bereich mit Presseinformationen: Für die Medienöffentlichkeit ist es sinnvoll, einen schnell erkennbaren Bereich einzurichten mit allen relevanten Informationen zu dem Netzwerk und seinen Partnern und Angeboten. Das erspart Journalisten langes Suchen und die Wahrscheinlichkeit, dass Informationen auch gefunden und genutzt werden, steigt. Am besten eignet sich ein Bereich mit unterschiedlichen Texten und Bildern zum Download, die die Presse verwenden darf und die entsprechend der Bedürfnisse der Presse aufbereitet sind (vgl. Kap. 4.4.1). Die Pressemitteilungen, O-Töne, Bilder und Grafiken können einzeln eingestellt oder als digitale Pressemappe im ZIP-Format zur Verfügung gestellt werden. Wichtig dabei ist, die Dokumente mit eindeutigen Namen und Daten zu versehen, damit die Journalisten daraus ableiten können, was sich hinter der Datei verbirgt. Auch Hintergrundinformationen, ein Leitbild und Informationen zu den Partnern sollten hier – pressegerecht aufbereitet – bereitgestellt werden.	Medienöffentlichkeit

Tab. 3 Übersicht Kommunikationswege (in Anlehnung an Franck, 2008: 24 f.)

Grundsätzlich sollte bei der Gestaltung einer Website auf folgende Punkte geachtet werden:

- Die Texte am Bildschirm müssen ebenso gut lesbar sein wie in ausgedruckter Form.
- Auch die Textlänge sollte übersichtlich bleiben und den Usern sollte ein endloses Scrollen auf Websites erspart bleiben.
- Der Sprachstil muss den potenziellen Nutzern/Usern entsprechen. Auf Informationsseiten oder geschäftlichen Websites wird gesiezt, im Unterhaltungsbereich, Foren oder Communities wird gern geduzt.
- Das Wichtigste zuerst: Die User stehen in der Regel unter Zeitdruck, daher sollten die wichtigsten Informationen bereits am Anfang in einem sogenannten Teaser („Appetitanreger") zusammengefasst werden.
- Suchmaschinen und Verlinkungen machen die Orientierung für die User häufig kompliziert. Um diese zu erleichtern, sollte der aktuelle „Ort" auch auf jeder „Unterseite" des Internetauftritts eindeutig erkennbar sein.
- Links sollten sparsam und sehr gezielt eingesetzt werden, da sie die User u.U. von der eigentlichen Botschaft weglenken.
- „Rückkanal" – die Gestaltung des Internetauftritts bietet verschiedene Möglichkeiten für den Nutzer, selbst aktiv zu werden. Das bringt neue Möglichkeiten für die aktive Partizipation von verschiedenen Stakeholder-Gruppen für die Netzwerkarbeit mit sich.
- Auch die Möglichkeit, sich mit konkreten Fragestellungen über ein Kontaktformular oder eine angebotene E-Mail-Verbindung direkt an das Netzwerk wenden zu können, eröffnet gute Perspektiven für die „Kundenbindung", allerdings nur, wenn es innerhalb der Netzwerkstruktur auch die Möglichkeiten gibt, solche Anfragen zeitnah zu beantworten, anderenfalls ist von der Nutzung abzuraten. Unbeantwortete Fragen führen bei den Nutzern zu Unmut und können dann den gegenteiligen Effekt haben.
- Das gleiche gilt für die Möglichkeit, Informationsmaterial per Mausklick anfordern zu können – auch hier gilt: Auf solche Anfragen muss reagiert werden können.
- Die Website sollte auf jeden Fall eine Möglichkeit für Kommentierungen anbieten. Darüber hinaus wäre eine Plattform für den Austausch mit anderen Nutzern wünschenswert.
- Das Netzwerk sollte die verschiedenen Möglichkeiten, die das Internet bietet intensiv, diskutieren und dann sehr bewusst entscheiden, für welche Zielgruppe(n) der Internetauftritt gedacht ist und ob die Netzwerkstruktur eine regelmäßige Pflege und Aktualisierung der Seiten leisten kann.

- Damit die Zielgruppe(n) auch über Suchmaschinen auf die Website gelangen, ist es notwendig, möglichst viele Verlinkungen auf anderen Internetseiten zu generieren. Das kann für Netzwerke relativ einfach erzielt werden, da in der Regel die meisten Netzwerkpartner über eine eigene Homepage verfügen, auf der sie auf das Netzwerk verlinken können. Je häufiger das Netzwerk auf anderen Seiten gefunden wird, desto höher wird sein Ranking in der Trefferliste der Suchmaschinen. Die Suchmaschinenoptimierung kann außerdem durch bezahlte Einträge erzielt werden.

Die neuen Entwicklungen zeigen, dass soziale Netzwerke und Mikroblogging eine immer zentralere Rolle in der Kommunikation einnehmen und das nicht nur für junge Menschen. Aus der Nachrichtenwelt sind Facebook, Twitter & Co. nicht mehr wegzudenken. Nicht nur in Krisengebieten werden diese Dienste zur Verbreitung politischer Informationen verwendet. Inzwischen nutzt auch die Deutsche Politik – zurzeit noch hauptsächlich zu Wahlkampfzeiten – die neuen Möglichkeiten zur Kommunikation mit unterschiedlichen Zielgruppen. Und darüber hinaus zur Partizipation der Stakeholder.

Bei den zahlreichen Möglichkeiten, die das Internet und elektronische Kommunikationsformen bieten, muss immer darauf geachtet werden, dass keine Informationsfluten entstehen und jeder jede Information bekommt – auch, wenn diese nicht relevant sind. Das Informationsmanagement spielt insbesondere bei den elektronischen Kommunikationswegen eine große Rolle und sollte nicht unterschätzt werden (vgl. Kap. 3.5.3). In einem Netzwerk sollte daher insbesondere die Frage nach „Bring- und Holschuld" von Informationen intensiv diskutiert und festgelegt werden, welche Informationen wie zu wem gelangen.

4.4.2.4 Tag der offenen Tür, Fachtagung und Co.

Eventmarketing beschreibt die systematische und zielgerichtete Planung und Durchführung von unterschiedlichen Veranstaltungen, bei denen die Kommunikationsziele einer Organisation oder auch eines Netzwerks im Zentrum stehen und die Aufmerksamkeit der Besucher auf sich lenken. Bei den verschiedenen Veranstaltungsformen sollten die Besucher einen möglichst intensiven Eindruck bekommen können. Dazu kann der Erlebnischarakter von Veranstaltungen einen entscheidenden Beitrag leisten. Dabei sollte die Botschaft in die gesamte Kommunikationsstrategie integriert sein. Hilfreich ist es, wenn es z.B. gelingt, positive Erlebnisse bei den Besuchern zu schaffen, sodass diese sich z.B. nach der Veranstaltung zum „Walkingtreff" anmelden. Die Kommunikationsaufgaben des Marketing-Events lauten entsprechend:

- Information vermitteln,
- Emotionen anregen und
- durch Aktionen Erfahrung und Bindung schaffen.

Events dienen der Bekanntmachung und sollen sowohl das Image fördern und Kundenbindung stärken. Sie werden z. B. veranstaltet, wenn eine neue Dienstleistung angeboten wird, die bekannt gemacht werden soll oder wenn besondere Ereignisse wie Jubiläen Außenwirkung entfalten sollen. Auch die Einführung von regelmäßig wiederkehrenden Veranstaltungen hat sich als erfolgreiches Marketinginstrument erwiesen, das „Kunden" teilweise fest in ihren Terminkalender einplanen.

So eignen sich Tage der offenen Tür beispielsweise der Information und der Vertrauensbildung. Einrichtungen werden einem breiten Publikum geöffnet und können besichtigt werden. Der Reiz für die Besucher liegt darin, dass auch Räume, Einrichtungen, Geräte und Dienstleistungen gezeigt werden, die Externen normalerweise nicht zugänglich sind und vereinzelt Schnupperangebote gemacht werden.

Darüber hinaus können sich Netzwerke zielgerichtet auf Fachkongressen, Tagungen und Messen präsentieren, um einerseits ihre „Botschaft" und ihre Ziele zu vermitteln und andererseits ihre Kompetenzen zu demonstrieren. Dazu eigenen sich darüber hinaus auch Podiumsdiskussionen. Um genügend Aufmerksamkeit zu erreichen, sollten möglichst prominente Vertreter ihre unterschiedlichen Meinungen diskutieren – das Netzwerk sollte dabei auch aktiv vertreten sein. Wenn eine Podiumsdiskussion gut vorbereitet und organisiert ist, wird sie im Rahmen der Öffentlichkeitsarbeit mehrere Effekte haben: Zahlreiche Personen beschäftigen sich mit dem Thema, die Einrichtung kann sich positiv darstellen und über die Medienöffentlichkeit werden weitere (potenziell) Interessierte erreicht.

Zusammenfassend kann festgehalten werden, dass die Öffentlichkeitsarbeit für verschiedene Teilöffentlichkeiten gedacht ist und den unterschiedlichen Anforderungen gerecht werden muss. Wenn dies gelingt, zählt die Öffentlichkeitsarbeit zu den wesentlichen Erfolgsfaktoren der Netzwerkarbeit.

5 Netzwerkevaluation

Evaluation und Wirkungsanalyse sollten heutzutage aus vielen Gründen Kernelemente aller Projekte, Maßnahmen und damit auch von Netzwerkarbeit sein. Nur eine Begleitevaluation und eine abschließende Wirkungsanalyse erlauben die verlässliche Bewertung der Netzwerkarbeit und ihrer Effekte. Sie geben Aufschluss über die Zusammenhänge von Strukturen und Prozessen. Für eine Fortentwicklung oder spätere Optimierung sind diese Erkenntnisse zentral. Daher stellen sich immer häufiger auch Netzwerke inzwischen der Frage nach der „Qualität" der eigenen Arbeit und deren Absicherung.

Grundsätzlich umfasst Qualitätssicherung jede systematische Tätigkeit, die innerhalb eines Systems prüfen soll, dass die vorgegebenen Qualitätsanforderungen erfüllt werden. Allgemein wird dieses Vorgehen nach DIN Normen geregelt. Im Rahmen einer statischen Qualitätssicherung finden sich extern vorgegebene Qualitätsparameter.

Bei einer dynamischen Qualitätssicherung steht die eigenverantwortliche Entwicklung einer Organisation im Vordergrund. Es gibt hier somit keine externen Vorgaben, sondern die Organisation entscheidet letztlich selbst, in welchen Bereichen sie welche Schritte mit welchen Ressourcen gehen möchte. Auch, wenn diese Definitionen primär aus der Wirtschaft kommen, ist ein Transfer in die Netzwerkarbeit im Sinne der dynamischen Qualitätssicherung möglich. Da diese Herangehensweise relativ neu ist, liegen bislang nur wenige Orientierungsmodelle und Analysemethoden vor. Nicht zuletzt schreckt die Komplexität von Netzwerken und die ihr eigene Dynamik viele Akteure davon ab, eine Evaluation durchzuführen. Insbesondere dann, wenn sie in Prozessen der Evaluation und Qualitätssicherung unerfahren sind. In diesem Kapitel werden daher neben Begriffsbestimmungen adäquate Herangehensweisen und Beispiele vorgestellt, die in geplanten und vorhandenen Netzwerken angewendet werden können.

5.1 Begriffsbestimmungen Evaluation

5.1.1 Definition Evaluation

Evaluation stellt eine systematische, datenbasierte Beschreibung und Bewertung von Programmen, Projekten, Maßnahmen und Material dar. Das Joint Committee (1994) beschrieb die folgenden Evaluationsstandards, die den Anspruch deutlich machen.

- Nützlichkeit – utility
- Durchführbarkeit – feasibility
- Korrektheit – propriety
- Genauigkeit – accuracy

Evaluation wird auch beschrieben als „interdisziplinäre wissenschaftliche Dienstleistung, die insbesondere öffentlich verantwortete und/oder finanzierte Evaluationsgegenstände (Politiken, Programme, Projekte, Maßnahmen…) systematisch, transparent und auf Daten gestützt beschreibt und ausgewogen bewertet, so dass Stakeholder die erzeugten Evaluationsergebnisse für vorgesehene Evaluationszwecke wie Rechenschaftslegung, Entscheidungsfindung oder Verbesserung nutzen" (http://www.eval-wiki.org/glossar/Evaluation; Stand 29.12.2012).

Im Rahmen einer Netzwerkevaluation steht die nutzenfokussierte Evaluation im Vordergrund. Sie befürwortet zunächst keinen bestimmten Inhalt, Modell, Methode, Theorie oder Nutzen, vielmehr steht der Prozess im Zentrum, der bei der Entwicklung geeigneter Inhalte unterstützen soll.

Als **Evaluationsgegenstand** werden ein oder mehrere „Bestandteile" bezeichnet, die im Zentrum der Beschreibungen und Bewertungen stehen. Die Evaluationsgegenstände werden nicht immer von Beginn an konkret bestimmt und beschrieben. Häufig werden sie erst im Rahmen der ersten Phase der Evaluation, der sogenannten Gegenstandsbestimmung, gemeinsam durch die Verantwortlichen (Akteure bzw. Experten) definiert. Typischerweise kann es sich dabei um Programme und Interventionen, aber auch um Personen oder Produkte sowie Organisationen handeln. In der Praxis zeigt sich, dass der Beginn der Netzwerkarbeit nicht immer mit dem Beginn der Begleitevaluation übereinstimmt. Um eine optimale Datenbasis zur Auswertung der Ergebnisse zu erhalten, sollte die Evaluation so früh wie möglich einbezogen werden.

Der **Evaluationszweck** formuliert konkret das, was die Evaluation in Bezug auf den Evaluationsgegenstand und seine veränderbaren Bedingungen auslösen soll.

5.1.2 Selbst- und Fremdevaluation

Eine Evaluation kann durch externe Experten (Fremdevaluation) oder durch die Verantwortlichen selbst (Selbstevaluation) erfolgen; d. h. diejenigen Personen („Akteure"), die für die Konzeption und/oder Durchführung des Evaluationsgegenstands verantwortlich sind, führen die Evaluation selbst durch. Somit sind sie nicht nur für die notwendigen Abläufe zuständig, sondern bestimmen auch die Evaluationsziele und Fragestellungen, die methodische Herangehensweise bzw. deren Umsetzung sowie die Beschreibung und Interpretation der Resultate. Die praktische Umsetzung kann auf verschiedenen Ebenen erfolgen. Im Rahmen der individuellen Selbstevaluation betrachten einzelne Personen ausgewählte Aspekte ihrer eigenen Arbeit systematisch. Die organisationale Selbstevaluation wiederum verfolgt ausgewählte Aspekte ganzer Organisationen oder Institutionen. Diese Form wird oft auch als interne Evaluation bezeichnet. Dies darf nicht mit dem Begriff der Selbstevaluation gleich gesetzt werden, da auch interne Fremdevaluationen denkbar sind. Dies kann analog auf die Netzwerkarbeit übertragen werden.

Wie jede Form der Evaluation verfolgt auch die Selbstevaluation das Ziel, die Praxis möglichst unmittelbar aufgrund der systematisch gewonnenen Daten zu verbessern. Ergebnisse sollen daher direkt zu Handlungskonsequenzen führen, die wiederum den Anknüpfungspunkt für erneute Selbstevaluationsaktivitäten bilden („Selbstevaluationszyklus"). Methodisch kommen klassische Verfahren wie (leitfadengestützte) Interviews, Gruppenbefragungen und Fragebögen in Betracht. Hierbei spricht man auch von „konvivialen" Evaluationswerkzeugen. Dabei handelt es sich um Datenerhebungsinstrumente, die mit wenig Aufwand entwickelt, eingesetzt und ausgewertet werden können. Die gewonnenen Daten können zu großen Anteilen von Akteuren oder Zielgruppen genutzt werden und sind auch Laien verständlich (Illich, Ivan, 1973). Um sie sicher beherrschen und einsetzen zu können, reicht ein allgemeines Grundwissen über empirische Forschung aus. Typische Beispiele sind Instrumente zur Sammlung von Feedback in pädagogischen Settings wie z.B. Blitzlicht, Ampelfeedback oder Zufriedenheitsabfragen.

Bei der Fremdevaluation erfolgt die Betrachtung des Evaluationsgegenstands durch externe Experten. Auf diese Weise kann leichter eine unabhängige Position gewahrt bleiben, da die externen Experten in der Regel eine größere Distanz zum Evaluationsgegenstand haben und seinen Werten nicht verpflichtet sind. Das erhöht die Glaubwürdigkeit der Ergebnisse und deren Bewertung. Darüber hinaus können neue Perspektiven durch die externe Beschreibung und Betrachtung gewonnen werden. Häufig dauern diese Prozesse allerdings länger, vor allem, wenn nicht nur kleine Teilaspekte berücksichtigt werden, und sind kostenintensiver.

5.1.3 Formative und summative Evaluation

In der Evaluationsforschung können verschiedene Formen, Methoden und Qualitätsdimensionen unterschieden werden. So trennt man die formative von der summativen Evaluation (aus Bortz, Döring 2006).

Die summative Evaluation oder auch Ergebnisevaluation stellt letztlich „nur" einen Vorher-Nachher-Vergleich an. Dazu können beispielsweise die Daten der Ist-Analyse als Ausgangslage und deren Veränderungen genutzt werden.

5 Netzwerkevaluation

Der formativen Evaluation kommt dagegen eher die begleitend-gestaltende Rolle zu. Hier steht die Betrachtung der Strukturen und Prozesse im Vordergrund, auf deren Basis (im laufenden Prozesse) Korrekturen und Veränderungen vorgenommen werden können. So werden im Rahmen der Netzwerkevaluation Defizite aufgedeckt und es kann entsprechend reagiert werden. Beispielsweise können zusätzliche Partner angesprochen, weitere Arbeitskreise eingerichtet, Kommunikationsformen (z.B. Sitzungsprotokolle) angepasst werden etc., um die bisherigen Abläufe zu optimieren. Durch diese Herangehensweise liegen beispielsweise Aussagen zur Wirksamkeit, Qualität der Zusammenarbeit und Effizienz bereits während der Durchführung vor. Anhand der Zwischenergebnisse besteht so grundsätzlich die Möglichkeit, noch während der Laufzeit Instrumente oder Schritte anzupassen und zu optimieren.

Zentrale Fragestellungen der begleitenden Evaluation können sein:

→ Sind tatsächlich alle relevanten Partner beteiligt?
→ Sind die Visionen und Ziele allen Partnern/Akteuren bekannt?
→ Wie funktionieren die Kommunikationswege?
→ Welche Erwartungen/welche Befürchtungen haben die Netzwerkpartner?
→ Welche Hindernisse zeigen sich in der Umsetzung von Interventionen und Maßnahmen?

5.1.4 Ex-ante und ex-post Evaluation

Die so genannte **ex-ante oder vorgeschaltete Evaluation** findet vor der Umsetzung der Maßnahme bzw. des erstmaligen Einsatzes eines Evaluationsgegenstands statt. Sie dient der Entwicklung bzw. Bewertung des Konzepts im Vorfeld z.B. als Bedarfsanalyse, Prüfung der Finanzierbarkeit bzw. Rentabilität (s.a. Nutzwertanalyse 5.3.5), Umsetzbarkeit oder Wirksamkeit. Dafür können z.B. Simulationsstudien durchgeführt werden. Im Feld können aber auch systematische Literaturrecherchen, Analysen vergleichbarer Maßnahmen, Bestandsaufnahmen vorhandener Programme erfolgen. In bereits vorliegenden Konzeptionen lässt sich durch diese Form der Evaluation die jeweilige Ausgangslage, die Zielsetzungen und Umsetzungsbedingungen sowie eine Eignung der Instrumente und Indikatoren, aber auch die Angemessenheit des Fördervolumens überprüfen.

Für eine Netzwerkevaluation lassen sich daraus direkt konkrete Fragestellungen ableiten:

→ Wie ist die Bedarfslage?
→ Welche prioritären Aufgabenfelder leiten sich daraus ab?
→ Welche Partner/Stakeholder sind notwendig?
→ Sind die Finanzmittel für das Vorhaben ausreichend?

Die **ex-post oder nachgeschaltete Evaluation** beschäftigt sich dagegen mit detaillierten Effektivitäts- und Effizienzanalysen sowie Wirksamkeits- und Nachhaltigkeitsbewertungen. Sie ist zeitlich nach Abschluss einer Maßnahme angesiedelt, d.h. es handelt sich im Wesentlichen um eine summative Evaluation. Sie kann aber auch im Sinne der Vorbereitung der nächsten Schritte als formative Evaluation erfolgen. Im Rahmen der ex-post-Evaluation geht es um die Betrachtung, welche Ziele das Programm in welchem Umfang erreicht hat, ob die angestrebten Wirkungen bei den Zielgruppen erreicht bzw. ob unvorhergesehen Resultate durch das Programm ausgelöst wurden. Eine ex-post-Evaluation bietet sich direkt nach Beendigung eines Programms an. Sie kann auch längere Zeit danach durchgeführt werden, damit die Nachhaltigkeit der Wirkungen besser eingeschätzt werden kann. Die gewonnenen Ergebnisse können wiederum als Grundlage dienen, ggf. weitere Fördermittel zu beantragen. Dafür sollten beispielsweise folgende Fragestellungen im Rahmen der Netzwerkevaluation beantwortet werden:

→ Wurden die gesetzten Ziele tatsächlich erreicht?
→ Konnten Merkmale für eine optimale Zusammenarbeit identifiziert werden?
→ Gab es überraschende „Nebenwirkungen"?
→ Welche Barrieren traten auf?
→ Was lässt sich optimieren?
→ Waren die Methoden und Instrumentarien geeignet, die gestellten Fragen tatsächlich zu beantworten?

5.2 Bedeutung der Qualitätsdimensionen für die Netzwerkevaluation

Für die Evaluation von Projekten, Maßnahmen und Netzwerken spielt die genaue Betrachtung einzelner Phasen eine ebenso bedeutende Rolle wie die in Augenscheinnahme von Strukturen und Ergebnissen. Daher ist die Betrachtung der verschiedenen Qualitätsdimensionen in der Netzwerkevaluation von zentraler Bedeutung. Die Evaluation kann damit einen zentralen Beitrag zur Qualitätssicherung und darüber hinaus wesentlich dazu beitragen z.b. Interventionen besser bewerten zu können. Im Folgenden werden daher die allgemeinen Definitionen zu den verschiedenen Dimensionen von Evaluation vorgestellt, die sich auch in der wissenschaftlichen Begleitung von Netzwerken wiederfinden. Man unterscheidet dabei grundsätzlich die Planungs-, Konzept-, Struktur-, Prozess- und Ergebnisqualität; ergänzt werden kann bei der Prozessqualität die so genannte Kommunikationsqualität (s. Abb. 28).

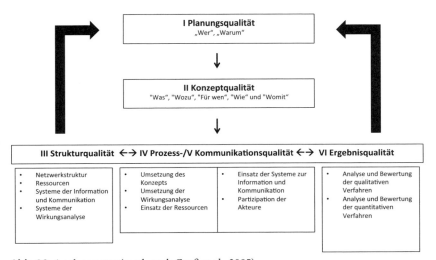

Abb. 28 Analyseraster (mod. nach Groß et al., 2005)

Die Kommunikation ist für die erfolgreiche Netzwerkarbeit von essenzieller Bedeutung, findet sich aber nicht der Bedeutung angemessen in allen entsprechenden Modellen wieder. Eine Unterschätzung der Kommunikation kann wesentlich zum Scheitern der Netzwerkarbeit beitragen. Daher soll an dieser Stelle die Bedeutung der Kommunikationsqualität besonders hervorgehoben werden, indem diese auch in dem Modell transparent gemacht wird.

Die Qualitätsdimensionen lassen sich den unterschiedlichen Arbeitsebenen eines Netzwerks zuordnen (s. Abb. 4, Kapitel 1). So spielen sich Planung und Konzeption im Wesentlichen in der Steuerungsgruppe ab. Die Strukturen betreffen das gesamte Netzwerk, an ihrer „Konstruktion" sind jedoch maßgeblich die Steuerungsgruppe und das Netzwerkmanagement beteiligt. Die Prozesse müssen in allen Ebenen und deren Interaktionen dargestellt werden. Ergebnisse spielen vor allem auf der Handlungsebene eine Rolle (s. Abb. 3, Kapitel 1).

5.3 Qualitätsdimensionen in der Netzwerkevaluation

5.3.1 Planungsqualität

▶ **Definition** Festlegen von Visionen/Leitbild und Zielen, möglichen Maßnahmen und der dazu notwendigen Strukturen und Ausführungsprozesse sowie der zugehörigen Ressourcen zur Erfüllung der Qualitätsziele:

- Auswahl der Zielgruppe auf der Basis einer Ist-Analyse und Planung einer/mehrerer Maßnahmen unter Berücksichtigung der Bestandsaufnahme
- Definition der Visionen/Leitbild und Ziele/Zielkriterien sowie des Settings bzw. Handlungsrahmens
- Partizipation beispielsweise durch Erhebung der Bedürfnisse und Erwartungen der Partner
- Überprüfung auf Angemessenheit, Nutzen und Effektivität
- Kosten-Nutzen-Analyse

5.3.2 Konzeptqualität

▶ **Definition** In der Konzeptqualität wird zunächst die Arbeit der Planung fixiert und bildet damit die Basis für die übrigen Qualitätsdimensionen. Es handelt sich somit um ein handlungsleitendes gedankliches Grundgerüst zur Beschreibung und Koordination der Leistungen. Eine Konzeption führt die in der Planung gestellten Fragen nach dem „Was", „Wozu", „Für wen", „Wie" und „Womit" zusammen und ordnet Ziele, Strukturen und Verfahren zum spezifischen Leistungsprofil eines Netzwerks.

- Zugrunde liegendes Modell

- Berücksichtigung der für die Zusammensetzung und Ausgestaltung bedeutsamen Partner und Inhalte (z. B. Ernährung, Bewegung, Verhaltensmodifikation, Stressmanagement)
- Berücksichtigung potenzieller Besonderheiten der Zielgruppe
- Darstellung der Methodik einer möglichen Wirkungsanalyse

5.3.3 Strukturqualität

▶ **Definition** Im Rahmen der Strukturqualität werden die Bedingungen betrachtet, unter denen die Visionen/das Leitbild bzw. die Ziele – wenn möglich dauerhaft und damit auch nachhaltig – erreicht werden. Sie umfasst den organisatorischen und finanziellen Rahmen sowie personelle Ressourcen. Damit stellt die Strukturqualität Rahmenbedingungen dar: Personal, Institutionen, materiell-fachliche Ausstattung, Aufbau- und Ablauforganisation etc.

Bei Maßnahmen der Handlungsebene spielen zusätzlich Aspekte wie Ausbildung und Qualifikation der Akteure (entsprechende Professionalisierung bzgl. der Zielkriterien, der Planung etc.) eine Rolle.

- Visionen/Leitbild bzw. den Zielen angemessene Zusammensetzung der Gruppen in allen Netzwerkebenen;
- Personeller Rahmen (personelle Ausstattung, Qualifikationen etc.)
- Finanzieller Rahmen (Infrastruktur, Material, Maßnahmen etc.)

5.3.4 Prozessqualität

▶ **Definition** Im Rahmen der Prozessqualität wird der Ablauf der Prozesse an sich analysiert. Zur Prozessqualität zählen u. a. die Durchführung und Dokumentation von Maßnahmen:

- Umsetzung der Netzwerkarbeit (z.b. Aufbau, Organisation von Arbeitsgruppen und Beiratssitzungen etc.)
- Koordination und Umsetzung von Maßnahmen
- Dokumentation einzelner Schritte
- Darstellung des „Wegs" zum Erreichen der Visionen und Ziele

5.3.5 Kommunikationsqualität

▶ **Definition** Im Rahmen der Kommunikationsqualität als wesentlichem Element der (sozialen) Prozesse in Netzwerken, werden der Ablauf der Kommunikation sowie die Kommunikationswege analysiert. Der Kommunikationsqualität kommt eine zentrale Bedeutung zu (vgl. Endres, 2008), die angemessen bei der Evaluation berücksichtigt werden muss. Zur Kommunikationsqualität zählt – neben den formalen Abläufen und Wegen der Kommunikation – auch die Form der Ansprache der Netzwerkpartner:

- Kommunikation im Rahmen des Netzwerks (Ansprache und Partizipation der Partner, Umgang miteinander, Offenheit und Transparenz, Feedback-Kultur, Zufriedenheit der Netzwerkpartner mit Kommunikationsart und -wegen)
- Raum und Anlass für Kommunikation schaffen
- Form und Distribution der Protokolle und Dokumentationen
- Häufigkeit und Intensität

5.3.6 Ergebnisqualität

▶ **Definition** Die Ergebnisqualität prüft, ob durch die notwendigen Rahmenbedingungen (Strukturen) und die Prozesse bzw. die Art und Weise der Umsetzung tatsächlich das angestrebte Resultat (somit die Zielkriterien) erreicht worden ist. Die der Intervention zuschreibbaren Veränderungen können quantitativ und qualitativ durch Messungen erfasst werden. Dazu können eigene Verfahren in den Maßnahmen auf der Handlungsebene z. B. Fragebögen, leitfadengestützte Interviews eingesetzt werden, aber auch kommunal verfügbare Daten, z.B. Ergebnisse von Schuleingangsuntersuchungen und ihre Veränderungen genutzt werden.

Bei der vergleichenden Betrachtung von Erfolgsfaktoren der Netzwerkarbeit (Kap. 1) und Qualitätsdimensionen lässt sich für die Netzwerkevaluation festhalten, dass die klare Definition von Zielen die Basis einer jeden (Netzwerk)Arbeit ist. Ziele leiten sich von übergeordneten Visionen (oder Leitbildern) ab und beschreiben konkret, was erreicht werden soll. Ziele bzw. die daraus entwickelten Indikatoren erlauben letztlich die Bewertung des Erfolgs einer Maßnahme, eines Projekts, und auch eines Netzwerks. Je spezifischer sie beschrieben werden, umso weniger können mögliche Störfelder auftreten, um so klarer lassen sich Handlungsfelder und Indikatoren zu deren Wirkungsanalyse ableiten. Die Grundvoraussetzung für eine erfolgreiche Überprüfung der Ergebnisse stellt die Zielformulierung anhand der „smart"-Kriterien (s. hierzu Kapitel 2) dar.

5.4 Indikatoren, Methoden und Verfahren der Netzwerkevaluation

5.4.1 Allgemeine Aspekte

In der Regel sind Netzwerken um äußerst komplexe Strukturen, für deren angemessene Beschreibung und Bewertung nur wenige adäquate und aufeinander abgestimmte Methoden bzw. konkrete Indikatoren vorliegen. Vielmehr handelt es sich in der Regel um klassische Instrumente der Sozialforschung, die sich an den konkreten Fragestellungen der verschiedenen Netzwerke orientieren.

Der erste Schritt ist die Festlegung des Evaluationszwecks bzw. des Evaluationsgegenstands sowie daran abgeleitet überprüfbare Ziele. Auf dieser Basis können nicht nur Interventionen, sondern auch Schwerpunkte und Zusammensetzungen von Netzwerken vorgenommen werden. Parallel sollte die Feststellung der Ausgangssituation in Form einer „Ist-Analyse" bzw. Bestandsaufnahme erfolgen, die wiederum die Grundlage für den konkreten Bedarf der Netzwerkarbeit darstellt. Die systematische Überprüfung dieser Ziele und Abläufe sowie der daraus resultierenden Effekte im Rahmen der Evaluation, stellt erst die Grundlage für Lernen und Entwicklung dar (mod. nach Beywl, Schepp-Winter 1999: 32). Darüber hinaus unterstützt es Akteure, ihre Konzepte und Leistungen sichtbar zu machen und fundierte Entscheidungen für die Fortführung und Fortentwicklung treffen zu können. Darunter wird nicht nur die Darstellbarkeit im eigenen Netzwerk verstanden, sondern es ermöglicht auch die Ablegung von Rechenschaft gegenüber Geldgebern bzw. der Gesellschaft (Beywl et al. 2004).

Im Rahmen der systematischen Überprüfung müssen sämtliche in Kapitel 1 beschriebenen Ebenen und Knoten sowie die Erfolgsfaktoren eines Netzwerks berücksichtigt werden. Nur so lässt sich in der erforderlichen Gänze beispielsweise die Produktivität bzw. der Output (Effizienz) eines Netzwerks und deren Zielsetzungen, d.h. der Outcome (Effektivität), abbilden und ggf. optimieren. Denn der Erfolg oder der Misserfolg einzelner Maßnahmen hängt nicht zuletzt davon ab, wie sie gesteuert und initiiert werden. Nicht selten stellt die Analyse der (sozialen) Prozesse die wichtigste Rolle im Rahmen der Netzwerkevaluation dar (vgl. Kommunikationsqualität). Aufgrund der Komplexität ist es möglich, sich zunächst auf Ausschnitte der Netzwerkarbeit zu konzentrieren, die beispielsweise für spezielle Auftraggeber (z.B. Politik, Stiftungen oder andere Geldgeber) im Vordergrund stehen. Es muss jedoch stets deutlich werden, dass dies nur einen Teil widerspiegelt und damit keine Aussage über die Güte des gesamten Netzwerks getroffen werden kann.

Bereits die Auswahl klarer Ziele und möglicher Indikatoren, die Klärung „was ist Erfolg?" und „was Misserfolg?" sowie die Methoden zu deren Erfassung sind breit gefächert. Das macht deutlich, dass es bislang keinen Goldstandard für die Evaluation von Netzwerkarbeit gibt. Da Netzwerke in der Regel einen losen Verbund eigenständiger Partner und Akteuren mit meist unterschiedlichen, eigenständigen Interessen darstellen, kann bereits die Findung von gemeinsamen Zielen oder einer gemeinsamen Vision erste Schwierigkeiten bedeuten. Umgekehrt können aber genau diese Lücken durch eine begleitende Evaluation und Betrachtung des Systems von außen detektiert und geschlossen werden. Besonders geeignet ist dazu der Einsatz der so genannten Goal Attainment Scale (s. Kapitel 5.4.5).

In die Vorüberlegungen einer Netzwerkevaluation können zur Orientierung die „Standards für Evaluation" (DeGEval 2002) herangezogen werden:

- Zunächst gilt die frühzeitige Klärung und Abstimmung der Evaluationszwecke, denn daraus folgt ein klar verständlicher und nachvollziehbarer Arbeitsauftrag, um vor dem Hintergrund der verschiedenen Interessen der an Netzwerkprojekten beteiligten Institutionen nutzbare Ergebnisse liefern zu können.
- Voraussetzung ist eine diplomatische Herangehensweise, da bei der Netzwerkevaluation die Akzeptanz und die konstruktive Mitarbeit der beteiligten und betroffenen Partner und Akteure von essenzieller Bedeutung sind.
- Sowohl die Durchführung als auch die Berichterstattung bleiben unparteiisch, trotz manchmal voneinander abweichenden Sichtweisen der Partner bzw. beteiligten Institutionen. Nur so kann die Verlässlichkeit und der Nutzen der Evaluation garantiert werden.

5.4.2 Indikatoren der Netzwerkevaluation

Indikatoren beschreiben Messgrößen, an denen erkennbar ist, ob die entsprechenden Ziele erreicht wurden. Weiche Indikatoren basieren eher auf qualitativen Werten, harte Indikatoren dagegen auf quantitativen Werten. Indikatoren, die im Rahmen einer Netzwerkevaluation von Bedeutung sind, stellen zum einen *Situationsindikatoren* dar, die der Bewertung und der Einschätzung der Netzwerksituation dienen.

Zielindikatoren befassen sich mit den Zielen und Absichten des Netzwerks. *Strategieindikatoren* wiederum bilden Strategien und Mittel ab, mit denen Veränderungen oder Ziele des Netzwerks erreicht werden sollen. Eine Überprüfung der Ziele und der Indikatoren kann z.B. ebenso mittels der so genannten Goal Attainment Scale erfolgen.

> **Beispiel – Evaluierbare Netzwerkmerkmale (Indikatoren) können sein**
>
> - Aufbau und Struktur des Netzwerks
> - Anzahl und Funktion der Netzwerkknoten (z.b. Basiseinheiten) und ihre Mitglieder
> - Kenntnis gemeinsamer Ziele und Visionen
> - Kommunikationsart, -häufigkeit und -intensität, z.b. wie hilfreich/produktiv diese Interaktionen sind
> - Offenheit und Flexibilität des Netzwerks (Zugang und auch Austrittsmöglichkeiten)
> - Exklusivität und Verbindlichkeit
> - Gewinner-Prinzip; Win-win-Situationen schaffen
> - Dauer der Netzwerkeinbindung
> - Auftritt nach außen als Einheit

5.4.3 Verfahren und Methoden der Netzwerkevaluation

Zur Messung komplexer quantitativer und qualitativer, „harter" und „weicher" Indikatoren ist eine Kombination unterschiedlicher Evaluations- und Informationsgewinnungsmethoden notwendig, die die verschiedenen Wirkungsebenen und Gruppen von Akteuren abbilden müssen. Im Folgenden werden einige Verfahren vorgestellt. Eine einfache Verfahrensweise ist das Auszählen der Netzwerkknoten, deren Teilnehmerzahl, der Partner sowie der Häufigkeit der Treffen. Letztlich kann damit die Frage nach dem Aufwand beantwortet und Schlüsse über personelle und finanzielle Ressourcen gezogen werden. Genaue Aussagen zu finanziellen Ressourcen können auf diese Weise jedoch nicht getroffen werden. Es erlaubt lediglich eine Einschätzung, ob die definierten Ziele mit den eingesetzten Mitteln erreicht werden können. Daraus lässt sich aber nicht im Detail ableiten, was genau zum Gelingen beigetragen hat und was sich möglicherweise konkret optimieren lässt. Folgende Methoden können beispielhaft dazu verwendet werden:

> **Beispiel**
>
> - Schriftliche Befragung aller Akteure (Fragebogen)
> - Leitfadengestützte Interviews mit Schlüsselakteuren
> - Fishbowl – Diskussion in großen Gruppen (bestehend aus einem Innen- und Außenkreis; die Teilnehmer des Innenkreises liefern Wortbeiträge

und tauschen die Plätze mit Teilnehmern des Außenkreises, die die Runde beobachten, nun aber etwas dazu beitragen möchten)
- Fokusgruppe (moderierte Diskussion mit ausgewählten Teilnehmern, z.B. den Sprechern/Vertretern der Netzwerkknoten)
- SWOT-Analyse (abgeleitet aus dem Englischen für Strengths (Stärken), Weaknesses (Schwächen), Opportunities (Chancen) und Threats (Bedrohungen)) (vgl. Kapitel 3)
- Raster zur Erfassung der Strukturen
- Dokumentationsbögen zur strukturierten Erfassung der Prozesse

5.4.4 Nutzwertanalyse

Eine Nutzwertanalyse erfolgt zumeist im Rahmen vorgeschalteter Evaluationen. Es handelt es sich dabei um Verfahren zur Abschätzung von Alternativen zu Programmen und Maßnahmen. Sie basiert auf einer Punkteverteilung für die Erfüllung zuvor (in der Steuerungsgruppe) festgelegter Kriterien und kann zur formativen Evaluation genutzt werden (Litke 1995).

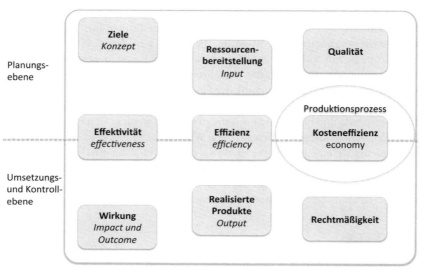

Abb. 29 Nutzwertanalyse (Becker, Weise, 2002)

Die Nutzwertanalyse erfolgt in sieben Schritten (Enders 2001: 112):

- Definition von vollständig widerspruchsfreien und operationalisierbaren Zielen des Netzwerks (vgl. SMART-Kriterien, Kapitel 2.3.1).
- Erfassung von Nebenbedingungen z.b. welche Aktivitäten zur selben Thematik bereits umgesetzt werden.
- Bestimmung von Handlungsalternativen: Welche Optionen bieten sich alternativ zur Netzwerkarbeit?
- Ermittlung von Dimensionen der Wirksamkeit des Netzwerks (definierte Kriterien und Erfolgsfaktoren).
- Ermittlung der Zielerreichungsgrade und deren
- Gewichtung und Bewertung (siehe dazu auch Endres 2008).
- Zusammenfassung des Gesamtnutzens.

Die Nutzwertanalyse erfolgt durch die Netzwerkpartner und kann damit auch als Instrument der Partizipation sinnvoll genutzt werden.

Im Rahmen der Netzwerkevaluation kann die Nutzwertanalyse allerdings nur einen Teilbereich der Evaluation abdecken, da sie die Kosten-Nutzen-Perspektive fokussiert und diese im Rahmen von komplexen Netzwerkgefügen nur begrenzt die Erfolge der gesamten Netzwerkarbeit widerspiegeln kann. So steht beispielsweise in einigen Netzwerken der Austausch von Wissen und Informationen im Mittelpunkt, sodass es schwierig ist, hierfür eine Kosten-Nutzen-Analyse zu erstellen.

Für Netzwerke hingegen, die an ihrem Output gemessen werden, stellt die Nutzwertanalyse ein wertvolles Instrument zur Ergänzung der Netzwerkevaluation dar.

5.4.5 Goal Attainment Scale

Als besonders günstig hat sich der Einsatz der Goal Attainment Scale gezeigt, mit deren Hilfe die Erreichung von Zielen oder Teilzielen zu definierten Zeitpunkten überprüft werden kann (Kiresuk et al. 1994). Es handelt sich dabei um ein Instrument, das genau dazu entwickelt wurde. Voraussetzung ist die Festlegung eines oder mehrerer Ziele und ihrer Indikatoren. Letztere werden in eine 5-stufige Skala überführt, das erwartete Ergebnis steht in der Mitte. Davon ausgehend werden je zwei Stufen nach oben („mehr als erwartet" und „viel mehr als erwartet") und zwei Stufen nach unten („weniger als erwartet" und „viel weniger als erwartet") gebildet. Die Anwendung erfolgt partizipativ: Neben Mitgliedern der Steuerungsgruppe und des Netzwerkmanagements sollten Schlüsselakteure aus den Arbeitsgruppen und der Beiräte integriert werden. Diese Herangehensweise erlaubt die Betrachtung der Resultate im Kontext des erwarteten Ergebnisses, schafft gleichzeitig einen „Netzwerk-Konsens" im Sinne des „Was ist mehr und viel mehr als erwartet?" und „Was ist weniger und viel weniger als erwartet?" und führt damit zu einer qualitativen oder quantitativen Bewertung der eigenen Arbeit.

Zusammengefasst ermöglicht die **Goal Attainment Scale** im Rahmen der Netzwerkevaluation eine Beurteilung im Bereich der Planungs- und Prozessqualität durch:

- Klärung der Ziele und Erwartungen, ggf. auch das Abschwächen überhöhter Erwartungen;
- Strukturierung der Netzwerkarbeit;
- Förderung von Verbindlichkeit und Transparenz bezüglich der gemeinsam zu bewältigenden Aufgaben;
- Intensivierung der Zusammenarbeit, Vertiefung des gegenseitigen Vertrauens und die Identifikation mit dem Vorhaben;
- Bewertung der bisher erzielten Ergebnisse.

Im Wesentlichen handelt es sich hierbei um qualitative Verfahren, denn Anknüpfungspunkte für Methoden einer explorativen Datenanalyse in der Netzwerkevaluation sind nur sehr schwer umsetzbar. Daher lässt sich die Goal Attainment Scale in der Praxis sinnvoll mit der Nutzwertanalyse kombinieren.

Die Verknüpfung mit Daten (z.B. aus Gesundheitsberichterstattungen; Schuleingangsuntersuchungen etc.) und evtl. Rückschlüsse sind nur eingeschränkt möglich, da die unterschiedlichen komplexen Systeme nicht immer vergleichbar sind. Daraus wird deutlich, dass „Vorher-Nachher-Vergleiche" oder Vergleiche für „Zustand mit Netzwerkarbeit und ohne Netzwerkarbeit" eine große Herausforderung darstellen.

Regionale Unterschiede machen die Arbeit mit einer Kontrollgruppe bzw. einem Vergleich mit einer Region ohne diese Zusammenschlüsse problematisch. Dies lässt sich u.U. über die genaue Abbildung auf der Projekt- bzw. Interventionsebene ausgleichen (s. Beispiel 2.3). Eine Vielzahl an verschiedenen Einflussfaktoren wirkt auf die Entwicklung der Netzwerkarbeit ein, sodass die eine isolierte Betrachtung unterschiedlicher Wirkungseinflüsse die Netzwerkevaluation sehr anspruchsvoll und komplex macht.

Abschließend muss der Faktor „Zeit" für die Netzwerkevaluation angemessene Berücksichtigung finden. Nicht selten ist der Beobachtungszeitraum zu kurz und dementsprechend ist es möglicherweise zu früh, um die angestrebten Erfolge nachzuweisen, insbesondere, wenn Strukturen verändert werden sollen.

5 Netzwerkevaluation

Für eine Beantragung von Fördermitteln bzw. bei Fördergebern spielt daher die realistische Betrachtung der Ziele und des hinterlegten Zeitrahmens eine essenzielle Rolle. Schon bei der Antragstellung sollte daher die Evaluation angemessen berücksichtigt werden.

5.5 Fünf Schritte der Netzwerkevaluation

Die Evaluation – unabhängig ob Selbst- oder Fremdevaluation – sollte die Netzwerkarbeit von Beginn an begleiten. Aus den verschiedenen beschriebenen Aspekten der Netzwerkevaluation lassen sich fünf Schritte für das Vorgehen einer Netzwerkevaluation ableiten (siehe Beywl 2004).

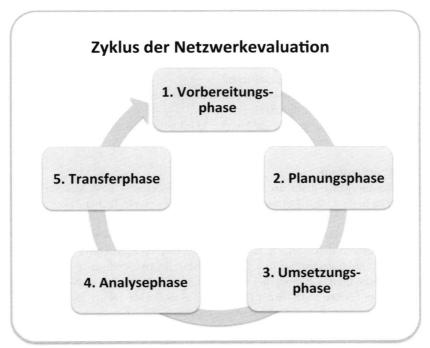

Abb. 30 Zyklus der Netzwerkevaluation mod. nach Beywl 2004

Schritt 1: Vorbereitung
In der Vorbereitungsphase sollte die Ausgangslage festgestellt, der Evaluationsgegenstand definiert und die komplexen und heterogenen Strukturen sichtbar gemacht werden.
   Dieser erste Schritt dient in erster Linie der Transparenz. Dazu zählen die Klärung der Beteiligten und ihrer Rollen, die Analyse und Darstellung der Bedarfslage und der Vision des Netzwerks sowie die davon abgeleiteten Ziele. Der Aufbau und die Struktur eines Netzwerks werden erfasst und z.b. in einem Organigramm oder Raster zusammengefügt und transparent gemacht. In der Regel erfolgt dieser Schritt in Zusammenarbeit mit der Steuerungsgruppe. Die frühzeitige Planung und entsprechende Konzeption beeinflusst langfristig die nachfolgenden Ebenen. Hier muss auch festgelegt werden, welche Akteure (an der Evaluation) beteiligt werden sollen. Eine ausreichende Beteiligung (Partizipation) ist essenziell für die Qualität und Aussagekraft der Ergebnisse, daher sollte in diesen Schritt der Netzwerkevaluation unbedingt eine Stakeholderanalyse integriert werden.

➔ Partizipation der Beteiligten und Betroffenen
➔ Evaluationsgegenstand präzisieren
➔ Bestandsaufnahme/Situationsanalyse durchführen
➔ Stakeholderanalyse durchführen
➔ Rahmenbedingungen für die Netzwerkevaluation klären
➔ Vereinbarungen treffen

Schritt 2: Planung
Die Planungsphase dient der Festlegung von Indikatoren bzw. Messverfahren. Bereits zu Beginn einer Netzwerkevaluation müssen verbindlicher Zweck, Gegenstand und Ziele definiert werden, ebenso wie das gemeinsame Verständnis von Qualität (Qualitätsdimensionen) der gemeinsamen Arbeit. Von den Zielen werden Indikatoren abgeleitet, die zusammen mit allen relevanten Netzwerkpartnern diskutiert und festgelegt werden. Dies kann durch Gruppendiskussionen mit den Schlüsselakteuren, z.B. Sprechern von Unterarbeitskreisen bzw. Netzwerkknoten in allen Ebenen mithilfe der Goal Attainment Scale erfolgen. Daraus werden in Zusammenarbeit mit der Steuerungsgruppe (oder einem wissenschaftlichen Beirat) Indikatorensysteme und Messmethoden zur Bewertung des Netzwerks entwickelt bzw. definiert. Hier sollten auch Erwartungen und Befürchtungen der beteiligten Akteure berücksichtigt werden. Neben den Indikatoren und Methoden werden darüber hinaus gemeinsam die Erhebungs- bzw. Messzeitpunkte festgelegt.

5 Netzwerkevaluation

→ Evaluationsziele konkretisieren und festlegen
→ Zentrale (Evaluations-)Fragestellungen formulieren
→ Indikatoren von den Zielen ableiten und operationalisieren
→ Evaluationsmethoden und Erhebungsinstrumente auswählen bzw. entwickeln oder anpassen
→ Erhebungs- bzw. Messzeitpunkte festgelegen
→ Umfang/Auswahl zu gewinnender Informationen; Bewertungsmaßstäbe, mit denen erhobene Daten beurteilt werden sollen
→ Evaluationskonzept schreiben

Schritt 3: Umsetzung
In der Umsetzungsphase werden Daten aus den verschiedenen Bereichen gesammelt und die Handlungsebene von der Evaluation begleitet; d.h. die verschiedenen Evaluationsvorhaben werden entsprechend der Planung in Schritt 2 festgelegten Indikatoren mittels der definierten Methoden und Verfahren umgesetzt.

Die formative Evaluation begleitet dabei alle Phasen und Ebenen der Netzwerkarbeit, so dass evtl. Nachbesserungen möglich sind und Methoden angepasst werden können.

→ Pretests durchführen und
→ Erhebungsinstrumente auf Eignung prüfen
→ Datenerhebung vorbereiten
→ Datenerhebung auf den unterschiedlichen Ebenen durchführen

Schritt 4: Analyse & Auswertung
In der Analysephase werden Prozessdokumentationen gesichtet, Daten ausgewertet und Ergebnisse interpretiert.

Dazu werden die Ergebnisse aus den verschiedenen Bereichen der Netzwerkarbeit zusammengetragen und mit der Steuerungsgruppe diskutiert. Dieser Schritt dient der Entwicklung möglicher Verbesserungen und der Weiterentwicklung des Netzwerks. Möglicherweise müssen die Ziele angepasst oder neu definiert werden, zusätzliche Partner zu deren Erreichung gewonnen werden etc. Dieser Schritt ist letztlich das Herzstück der formativen Netzwerkevaluation, da diese Herangehensweise als Optimierungsinstrument für Interventionen und Programme im Sinne der Qualitätssicherung dient.

→ Sichtung und Auswertung der Prozessdokumentation(en)
→ Daten auswerten
→ Ergebnisse darstellen

→ Interpretation und Bewertung der Ergebnisse auf Basis definierter Bewertungsmaßstäbe/Qualitätskriterien
→ Schlussfolgerungen

Schritt 5: Transfer
Die Transferphase dient dem Transfer der Ergebnisse in das Netzwerk. In diesem abschließenden Schritt werden die Ergebnisse in die Praxis der Netzwerkarbeit übertragen, z.b. durch konkrete Empfehlungen, über einen entsprechenden Handlungskatalog o.ä. Es kann aber auch die nochmalige gemeinsame Besprechung und Anpassung der Vision und daraus abgeleiteter Ziele sein bzw. eine neue Schwerpunktsetzung nach Erreichung erster Ziele. Hier steht die Rückmeldung und Diskussion der Evaluationsergebnisse mit den definierten Beteiligten im Vordergrund.

→ Rückmeldung von Ergebnissen und Bewertungen an Beteiligte (und Betroffene)
→ Diskussion der Ergebnisse in verschiedenen Arbeitsgremien
→ Verwendungsprozess der Ergebnisse:
  - Entscheidungsvorlagen und Maßnahmelisten erstellen
  - Handlungsempfehlungen ableiten
→ Anpassung von Zielen/Vorbereitung von Umsetzungen
→ Nächste Schritte initiieren und begleiten

5.6 Netzwerkevaluation in der Praxis

Im Folgenden wird das fiktive Beispiel einer Netzwerkevaluation durchgespielt. Im Zentrum steht die Vision „Mehr Menschen (mehr Patienten) in Bewegung zu bringen". Partner der Steuerungsgruppe sind Sportverbände, Ärzteverbände und Ärztekammern. Hintergrund ist, dass Ärzte eine Schlüsselrolle in der Motivation von Patienten zu einem aktiven Lebensstil bzw. vermehrter Bewegung haben. Sportvereine wiederum bieten über ihre gesundheitsorientierten Angebote eine Möglichkeit, diese Patienten aufzunehmen, deren Kosten zum Teil auch von Krankenkassen übernommen werden. Zu diesem Zweck setzt beispielsweise der Landessportbund NRW diverse Medien – wie das Rezept für Bewegung – ein, um eine niederschwellige Überleitung zu ermöglichen. Bislang gelingt die Vermittlung von Patienten über Ärzte jedoch nur bedingt, wie sich aus Ergebnissen einer Online-Befragung von Sportmedizinern sowie konsekutiver Telefoninterviews herausgestellt hat.

➔ Es besteht somit Bedarf, die Zusammenarbeit zwischen Medizinern und Vereinen zu optimieren, um das aus der o.g. Vision konkrete Ziel „mehr Patienten in gesundheitsorientierte Angebote" zu erreichen. Für dieses Beispiel werden im Folgenden Ansatzpunkte für eine mögliche Netzwerkevaluation aufgezeigt.

Mögliche **Indikatoren und Schwerpunkte** der Evaluation im Überblick:

a) Analyse des bestehenden Netzwerks
   - Aufbau und Struktur
   - gemeinsame Ziele
   - Kommunikationsstrukturen
   - Funktion einzelner Netzwerkknoten/-akteure
b) Bestandsaufnahme der Angebotslage und langfristig deren Veränderungen, z.b. mehr und neue Angebote, Änderungen der Anzahl von Patienten in entsprechenden Angeboten
c) Analyse zum Einsatz der Materialien

Eine begleitende Netzwerkevaluation soll mögliche Hürden widerspiegeln und Wege aufzeigen, wie diese möglicherweise verändert und abgebaut werden können. In einem Handlungskatalog können konkrete Empfehlungen festgehalten werden und methodisch die oben beschriebenen Verfahren eingesetzt werden.

Schritt I: Ausgangslage Steuerungsgruppe
In einer **Pilotbefragung** (z.B. leitfadengestütztes Interview) werden zunächst die Vertreter der Steuerungsgruppe zu folgenden Kernelementen befragt:

- Vision bzw. Ziel
- Entwicklung möglicher Indikatoren
- Wie sind aktuell die dafür notwendigen Strukturen? (regionale Netzwerke, Angebotslage)
- Wie funktionieren die dafür notwendigen Kommunikationswege innerhalb der Steuerungsgruppe und wie ist Kommunikationsqualität?
- Welche Optimierungsmöglichkeiten und „Wünsche" ergeben sich aus Sicht der verschiedenen Netzwerkmitglieder?

- Welche Hindernisse und Kritik zeigen sich aus Sicht der verschiedenen Netzwerkmitglieder?

Teilziel 1: Kenntnisse der Mitglieder der Steuerungsgruppe über die Vision/das Ziel und Erarbeiten gezielter Fragestellungen für die Evaluation regionaler Netzwerke.

Schritt II: Regionale Netzwerke – Ausgangslage
In einer (besser mehreren) ausgewählten Regionen erfolgt die Befragung von Schlüsselakteuren, die in gesundheitsorientierten Sportangeboten oder als mögliche Zuweiser eine Rolle spielen:

a) Vertreter von Stadtsportbund und/oder Kreissportbund
b) Ausgewählte Vereine/Kursleiter mit gesundheitsorientierten Angeboten (siehe auch Schritt III)
c) Ausgewählte Arztpraxen: (Haus)-Ärzte bzw. medizinische Fachangestellt (siehe auch Schritt IV)
d) Ärzte-Qualitätszirkel
e) Lokale Krankenkassen

Kernelemente der Befragung sind:

- Strukturen (Netzwerk, Angebotslage, Einsatz von Medien und Materialien und ggf. zusätzlicher Zugangswege; Bestandsaufnahme aktueller Kennzahlen von gesundheitsfördernden Sportangeboten)
- Qualität der Kommunikation innerhalb des Netzwerks
- Bedürfnisse hinsichtlich Bewegung und Umsetzung von Bewegungsangeboten und möglichen Qualifizierungsinhalten
- „Wünsche" und Möglichkeiten zur Optimierung
- Benennung möglicher kritischer Punkte

Teilziel 2: Erkenntnisse über Stärken und Schwächen des vorhandenen Netzwerks gewinnen (z.B. ob alle relevanten Partner dabei sind).

Teilziel 3: Erfassung der aktuellen Angebotslage.

Teilziel 4: Erkenntnisse über die Bedürfnisse der verschiedenen beteiligten Akteure gewinnen (Wer braucht was?).

Schritt III: Mikronetzwerk Vereine – Ausgangslage
- Strukturen (Verantwortlichkeiten; Einsatz von Materialien und Gewinn weiterer Klientel etc.)
- Ziele/Definition Erfolgskriterien
- Kommunikation innerhalb und außerhalb der Vereinsstrukturen
- Bedürfnisse hinsichtlich Bewegung und Umsetzung von Bewegungsangeboten
- „Wünsche" und Möglichkeiten zur Optimierung
- Benennung möglicher Hindernisse bzw. kritischer Punkte

Teilziel 5: Erkenntnisse über Stärken und Schwächen dieses Mikro-Netzwerks gewinnen und welche Bedürfnisse es gibt, um die Vision bzw. die Ziele zu erreichen

Schritt IV: Mikronetzwerk (Haus-)-Arztpraxis – Ausgangslage
- Strukturen (Verantwortlichkeiten; Einsatz von Materialien und weiterer Patientenklientel etc.)
- Ziele/Definition Erfolgskriterien
- Kommunikation innerhalb und außerhalb der Praxis
- Bedürfnisse hinsichtlich Bewegung und Umsetzung von Bewegungsangeboten
- „Wünsche" und Möglichkeiten zur Optimierung
- Benennung möglicher Hindernisse bzw. kritischer Punkte

Teilziel 6: Erkenntnisse über Stärken und Schwächen dieses Mikro-Netzwerks gewinnen und welche Bedürfnisse es gibt, um die Vision bzw. die Ziele zu erreichen

Schritt V: Erstellung eines Handlungskatalogs
Die Ergebnisse (Stärken und Schwächen) werden mit der Steuerungsgruppe diskutiert, um z.B. gemeinsam einen Handlungskatalog zu erstellen, der Empfehlungen zur Erreichung der Ziele liefert. Diese lassen sich an „harten" (quantitativ erhobenen) Daten (z.B. Zunahme der Angebote durch eine größere Nachfrage; Einsatz der Medien) verifizieren. Inwiefern die Ziele erreicht werden konnten, kann beispielsweise mithilfe der Goal Attainment Scale ermittelt werden.

5.7 Fazit

Letztlich zeigen die Ausführungen, dass eine Vielzahl von verschiedenen Indikatoren und Methoden für die Netzwerkevaluation zur Verfügung stehen. Diese bleiben jedoch häufig unverbunden nebeneinander. In Bezug auf die Netzwerkevaluation kann daher festgehalten werden, dass hier noch ein erheblicher Forschungsbedarf hinsichtlich geeigneter Wirkungsmodelle sowie aufeinander abgestimmter Indikatoren und methodischer Vorgehensweisen besteht, um geeignete Methodiken und Indikatorensysteme („Toolbox") speziell für die Netzwerkevaluation zu entwickeln (vgl. Beywl, Schepp-Winter 1999: 32).

Auch, wenn deren Entwicklung und Adaption sowie ihre Anwendung für eine Wirkungsanalyse mit einem erheblichen zeitlichen und finanziellen Aufwand verbunden ist, sollte sowohl auf der Ebene der Fördergeber, als auch seitens der Beteiligten eines Netzwerks ein Verständnis für die Notwendigkeit solcher Evaluationen entstehen. Denn neben der Erfolgsüberprüfung kann die Netzwerkevaluation einen essenziellen Beitrag zur Qualitätssicherung von Netzwerkarbeit liefern.

Vielfach ist der Erfolg oder Misserfolg einer einzelnen Maßnahme im Rahmen der Netzwerkarbeit auf Probleme zurückzuführen, die auf einer anderen Ebene angesiedelt sind, z.b. mangelnde Kommunikation in einer Steuerungsgruppe.

Umgekehrt muss eine Steuerungsgruppe über die Zusammenarbeit von Netzwerkknoten oder der Handlungsebene Bescheid wissen, z.B. sind die Ziele eindeutig definiert, tragen alle Partner sie auch tatsächlich mit, um sie überhaupt richtig auf Maßnahmenebene transferieren zu können.

Der Schwerpunkt liegt letztlich für das Netzwerk selbst deutlich mehr im Bereich der Prozesse, um frühzeitig an die Ergebnisse zu adaptieren. Für mögliche Geldgeber ist häufig auf den ersten Blick die „reine" Wirkungsanalyse ausreichend. Sie lassen dabei jedoch häufig außer Acht, die Ebenen zwar voneinander getrennt betrachtet werden können, dass sich diese aber immer gegenseitig beeinflussen. Daher erscheint es erforderlich, immer die gesamte Netzwerkstruktur mit allen Ebnen zu erfassen, um den Erfolg oder Misserfolg sinnvoll bewerten zu können. Vielfach wird die Bedeutung und vor allem die Funktion des Netzwerks, das hinter den Interventionen, Maßnahmen und Programmen steht, unterschätzt.

Zwar gibt es aktuell erst wenige vergleichbare Untersuchungen, die zudem noch erhebliche Unterschiede bezüglich Fragestellungen, Methoden etc. aufweisen. Jedoch wird aus dem sich daraus ergebenden Nutzen, z.B. effektivere Zusammenarbeit, Ressourceneinsparung, Entwicklung eines Transferleitfadens oder Handlungskatalogs für andere Regionen deutlich, welchen Stellenwert die Netzwerkevaluation einnehmen kann und sollte.

6 Finanzierung

Neue Ideen, innovative Angebote, neue Therapien und andere Umstellungen bringen Chancen, aber auch eine Reihe von Risiken mit sich. Um diese Chancen optimal nutzen zu können, müssen alle Faktoren stimmen. Dazu zählt eine gute und ausgeglichene Finanzierung. Sie ist die Grundlage für die erfolgreiche Arbeit, auch in sozialen Netzwerken.

Vielfach ist die Finanzierung sogar einer der wesentlichen Gründe für die Arbeit in einem Netzwerk: Viele Netzwerke fallen auseinander, sobald keine öffentliche Finanzierung mehr erfolgt.

6.1 Netzwerkergebnisse

In der Beurteilung der Ergebnisse werden die beteiligten Akteure auf die Reziprozität achten, nämlich feststellen, ob ihr Input durch den aus der Netzwerkarbeit zugeflossenen Nutzen zu rechtfertigen ist. Das wird immer dann der Fall sein, wenn dieser Nutzenzuwachs auf andere Weise nicht oder nur durch einen höheren Aufwand erreicht werden könnte.

Die Problematik der Messung des Nutzens für die Akteure in sozialen Netzwerken ist darin zu sehen, dass in vielen Fällen weder eine Quantifizierung des Inputs noch eine monetäre Bewertung des Outputs möglich ist.

Input

Entscheidend für die Feststellung des Nutzens sind nicht die Einnahmen und Ausgaben, sondern die Kosten. Die Unterschiede zu anderen Größen aus dem Rechnungswesen zeigt die Skizze:

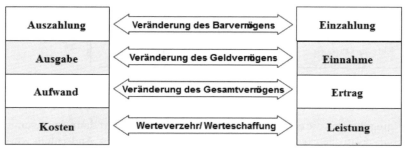

Abb. 31 Input Netzwerkarbeit

Einnahmen und Ausgaben beschreiben die Veränderung des Geldvermögens. Die Kosten dagegen sind der bewertete, sachzielbezogene Verbrauch in einem bestimmten Zeitraum. Kosten können also auch dann entstehen, wenn kein Geld abfließt.

Beispiele

- Die Teilnahme an Sitzungen der Mitglieder eines Netzwerks verursacht Kosten.
- Die „kostenlose" (gemeint ist „unentgeltliche") Bereitstellung von Sitzungsräumen verursacht Kosten.
- Der unentgeltliche Transport von Informationsmaterial verursacht Kosten.

Dass Kosten vollständig erfasst werden sollen, erscheint zunächst selbstverständlich, verursacht in der Praxis jedoch oft Probleme, weil ihre Erfassung schwierig ist. Oft liegen die erforderlichen Angaben gar nicht vor und sind auch nicht zugänglich. Für die Nutzenermittlung in einem Netzwerk sind gegebenenfalls Schätzungen aufgrund von Erfahrungswerten erforderlich.

Für die Beurteilung des Beitrags der einzelnen Netzwerkakteure ist entscheidend, welcher Teil der Kosten des Netzwerks übernommen wird.

Output
Wenn die Ergebnisse der Netzwerkarbeit festgestellt werden sollen, müssen zwei Aspekte beachtet werden:

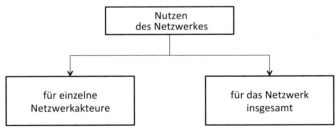

Abb. 32 Output Netzwerkarbeit

Allerdings werden die einzelnen Mitglieder des Netzwerks nur dann das gesamte Ergebnis positiv beurteilen, wenn sie selbst daran partizipieren. Andernfalls wür-

de der Nutzen überproportional den anderen zugute kommen und deren – möglicherweise konkurrierende – Situation verbessern.
Solche Nutzenzuwächse können z.b. entstehen durch

- *Innovativität* – Das Netzwerk bietet neue Möglichkeiten, die bewährten Leistungen zu erbringen.
- *Innovation* – Das Netzwerk ermöglicht Produkte, die sonst nicht angeboten werden könnten.
- *Rationalisierung* – Durch den Einsatz neuer Technologien und Verfahren im Prozess der Leistungserstellung werden die Arbeitsergebnisse verbessert.

6.2 Partnerwahl

Die Auswahl der Netzwerkakteure beeinflusst nicht nur die Art der Zusammenarbeit, sondern auch das Ergebnis. In jedem einzelnen Fall ist deshalb zu entscheiden, ob der neue Partner zu einem höheren Nutzen beiträgt.

Ein erfolgreiches Netzwerk wird sich wegen seiner Attraktivität durch einen hohen Grad von Adhäsion auszeichnen. Für die aktuellen Netzwerkakteure wird zu prüfen sein, ob durch zusätzliche Mitglieder ein positiver finanzieller Grenznutzen erreicht werden kann.

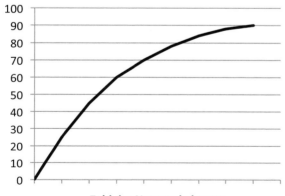

Abb. 33 Nutzenentwicklung

Je größer die Zahl der Mitglieder in einem Netzwerk wird, desto geringer wird der zusätzliche Nutzen sein, der durch ein weiteres Mitglied erreicht werden kann.

- Der neue Partner ermöglicht den Zugang zu zusätzlichen Ressourcen.
- Die neue Zusammenarbeit führt zu höherer Rentabilität.
- Durch den neuen Partner werden weitere Zielgruppen erschlossen.
- Die neue Partnerschaft verbessert die Governance und die Kontrollmechanismen.
- Der neue Partner bringt die notwendige Branchenerfahrung ein.
- Die Kooperation verspricht die Verbesserung der bisher schwachen Performance.

6.3 Arten der Finanzierung

Da auch soziale Netzwerke nicht kostenlos arbeiten können, stellt die Beschaffung finanzieller Mittel eine existenzielle Bedingung dar. Die Finanzierung steht traditionell auf zwei Säulen: der Gewinnthesaurierung und der Kreditaufnahme. Beide kommen für Netzwerke nur in Ausnahmefällen in Betracht, von den klassischen Finanzierungsmöglichkeiten eignen sich wegen der rechtlichen Konstruktion in der Regel nur wenige für Netzwerke.

Für soziale Netzwerke ist typisch, dass sie nicht durch eine einzelne Finanzierungsart gekennzeichnet sind, sondern durch eine Vielzahl von verschiedenen Finanzierungsquellen geprägt werden. In einem solchen System der Mischfinanzierung können dabei Bund, Länder und Gemeinden, die Bundesagentur für Arbeit, die Europäische Union, Gewerkschaften, Kammern, Unternehmen, Dachorganisationen, Verbände, private Einrichtungen und Einzelpersonen nebeneinander stehen. Dazu können Mitgliedsbeiträge und andere Leistungen der Netzwerkakteure kommen. Vor diesem Hintergrund sind Netzwerke hilfreich.

Eine solche Mischfinanzierung hat sich manchmal historisch entwickelt, öfter beruht sie auf der Nutzung aktueller Möglichkeiten. Die relative Zufälligkeit macht die Finanzierung von sozialen Netzwerken vergleichsweise intransparent und risikoreich.

Die Vor- und Nachteile der Finanzierungsarten, aber auch die Möglichkeit, sie im konkreten Fall einzusetzen, sind von zahlreichen unterschiedlichen Einflüssen abhängig und im Einzelfall zu beurteilen.

6 Finanzierung

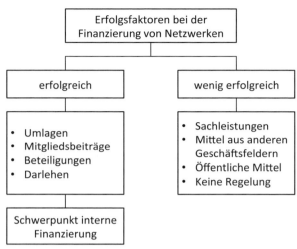

Abb. 34 Erfolgsfaktoren der Netzwerkfinanzierung

6.3.1 Innenfinanzierung

Als Innenfinanzierung werden diejenigen Finanzierungsarten bezeichnet, bei denen die finanziellen Mittel durch die Akteure des Netzwerks selbst bereitgestellt werden. Die Mittel fließen nicht von außen zu, sondern sind auf interne Prozesse zurückzuführen. Innenfinanzierung ist auf verschiedene Weisen möglich, bei sozialen Netzwerken kommt vor allem die Bereitstellung von Finanzmitteln durch die Netzwerkakteure in Betracht. Die Art der Lastenverteilung bleibt dann ein weiteres Problem.

6.3.2 Belastungsgerechtigkeit

Typischerweise werden die Akteure in einem sozialen Netzwerk anstreben, dass die Finanzierung gerecht auf alle Beteiligten verteilt wird. Prinzipiell sind dabei verschiedene Ansätze möglich:

6.3.2.1 Gleiche absolute Beiträge

Am einfachsten wird der notwendige Betrag durch die Zahl der Netzwerkakteure geteilt, so leistet jedes Mitglied einen gleich hohen Beitrag.

Diese Verteilung erscheint fair und gerecht, berücksichtigt aber nicht die unterschiedlichen Leistungsfähigkeiten. Deshalb können gleich hohe Beträge zu unterschiedlichen Belastungen führen.

6.3.2.2 Gleiche relative Beiträge

Um die unterschiedliche Größe und Leistungsfähigkeit der Netzwerkakteure zu berücksichtigen, kann der jeweilige Beitrag anhand einer für alle nachvollziehbaren Basisgröße ermittelt werden. Dazu wird ein Prozentsatz vereinbart, der für alle gilt, aber zu unterschiedlichen absoluten Ergebnissen führt. Infrage kommen Umsatz, Gewinn, Teilnehmerzahl, Plätze u.a.

Beispiel

Die fünf beteiligten Akteure vereinbaren einen Mitgliedsbeitrag in Höhe von 0,8 % des Umsatzes.

	Umsatz	Anteil 0,8 %
Akteur A	50.000	400
Akteur B	15.000	120
Akteur C	25.000	200
Akteur D	30.000	240
Akteur E	25.000	200
gesamt	145.000	1.160

Die Akteure könnten unter diesen Annahmen 1.160,00 € zur Finanzierung des Netzwerks beitragen.

6.3.2.3 Progressive Beiträge

Um berücksichtigen zu können, dass größere Akteure leistungsfähiger sind als kleinere und deshalb auch stärker belastet werden können, werden die Beiträge gestaffelt.

Beispiel

	Umsatz	Anteil	Beitrag
Akteur A	50.000	1,2 %	600
Akteur B	15.000	0,4 %	60
Akteur C	25.000	0,8 %	200
Akteur D	30.000	1,0 %	300
Akteur E	25.000	0,8 %	200
gesamt	145.000		1.360

Die fünf Akteure könnten unter diesen Annahmen 1.360,00 € zur Finanzierung des Netzwerks beitragen.

6.3.2.4 Einzelregelungen durch Mehrheit
Bei dieser Regelung legen die Akteure die jeweiligen Beiträge einvernehmlich fest. So können die Interessen des Netzwerks insgesamt und gleichzeitig die Leistungsfähigkeit der einzelnen Mitglieder berücksichtigt werden. Voraussetzungen sind faire und ehrliche Angaben der Beteiligten und ein großes gegenseitiges Vertrauen.

6.3.2.5 Einzelregelung durch eigene Entscheidung
Wenn jeder Netzwerkakteur seinen Beitrag selbst festlegen kann, wird die Einschätzung der Angemessenheit besonders hoch sein, allerdings kann so nicht sichergestellt werden, dass die Summe der Beiträge die notwendige Höhe erreicht.

Trotzdem ist dieses Finanzierungsmodell verbreitet, wenn ein einzelner Akteur aus seinem Selbstverständnis heraus ein besonderes Interesse am Zustandekommen und am Bestand des Netzwerks hat.

> **Beispiel**
>
> Die örtliche IHK möchte die Zusammenarbeit der regionalen Anbieter von Fort- und Weiterbildungsmaßnahmen fördern. Aus diesem Grund stellt sie Räume für die Sitzungen und Veranstaltungen zur Verfügung, übernimmt die Organisation, den Versand der Einladungen, den Druck von Plakaten und Flyern usw.

6.3.3 Nutzengerechtigkeit
Nach diesem Prinzip werden die Beiträge nach dem Ausmaß des Nutzens bemessen, der den einzelnen Akteuren zufließt. Das Problem wird darin bestehen, dass kaum eine quantitative Messung durchführbar ist. Zumindest aber wird es für die anderen Akteure nicht möglich sein, das Ausmaß des Nutzens für jedes Mitglied des Netzwerks festzustellen. Dann aber kommt diese Regelung einer Selbsteinstufung mit den genannten Problemen sehr nahe.

6.3.3.1 Zahlungen
Die beteiligten Akteure zahlen ihre Beiträge in eine gemeinsame Kasse oder auf ein gemeinsames Konto ein. Der Vorteil liegt in dem klaren, jederzeit überprüfbaren Verfahren. Nachteilig sind eventuell anfallenden Gebühren.

6.3.3.2 Sachleistungen
Der Vorteil von Sachleistungen kann darin gesehen werden, dass sie genau die festgestellten Defizite ausgleichen können, ohne den „Umweg" über ein Konto gehen zu müssen. Nachteilig an dieser Regelung ist, dass notwendige Leistungen

nicht in jedem Falle abgerufen werden können. Außerdem ist die Bewertung der Leistungen problematisch.

6.3.3.3 Secondment

Secondment bezeichnet die – teilweise – Freistellung von Mitarbeitern durch ihre Unternehmen, um für gemeinnützige Organisationen zu arbeiten. Der wertmäßige Umfang ist dabei stark abhängig vom Engagement der freigestellten Mitarbeiter. Aus diesem Grund muss das Netzwerk eine moderne Anerkennungskultur mit engagementfreundlichen materiellen und immateriellen Rahmenbedingungen einschließlich Qualifikationsmaßnahmen etablieren, die zuverlässig in die Organisation eingebunden ist.

6.3.4 Außenfinanzierung

Die Beschaffung von Geldern und die Recherche nach Fördermöglichkeiten wird ein zunehmend wichtig werdender Bereich der Finanzierung im nicht-kommerziellen Bereich. Die „Fundraising" genannten Aktivitäten stellen auch ein wichtiges Element bei der Finanzierung von Netzwerken dar.

6.3.4.1 Sponsoring

Als Sponsoring wird die Zuwendung von Finanz-, Sach- oder Dienstleistungen durch Unternehmen oder Private bezeichnet. Sponsoring ist eine Förderung, für die ein mittelbarer oder unmittelbarer Nutzen bzw. eine Gegenleistung erwartet wird. Den Sponsoren werden Rechte zur kommunikativen Nutzung von Projekten, Personen, Organisationen oder Institutionen vertraglich eingeräumt, wobei regelmäßig auch eigene Ziele verfolgt werden.

Die Wirkung, die durch die Werbung entsteht, stellt den Hauptanreiz dar, als Sponsor aufzutreten. Die erkennbare Übernahme von gesellschaftlicher Verantwortung soll Aufmerksamkeit schaffen und das eigene Profil schärfen.

Unterstützt werden Institutionen wie Sport-, Kunst-, Kultur- und Sozialeinrichtungen, aber auch Personen oder Veranstaltungen mit finanziellen Mitteln oder Sach- und Dienstleistungen. Im Gegenzug wird das Engagement publikumswirksam öffentlich gemacht. Der Sponsoringauftritt soll ein Bild prägen, das positiv und langfristig in Erinnerung bleibt. Deshalb werden in einem Vertrag Form, Art, Ort, Zeitpunkt und Dauer der gegenseitigen Leistungen festgelegt.

Das Sozial-Sponsoring ist bisher in Deutschland wegen des umfassenden und differenzierten Systems der sozialen Sicherung wenig entwickelt, wird aber zunehmend wichtiger.

6.3.4.2 Spenden

Spenden sind freiwillige Zahlungen oder die freiwillige Bereitstellungen von Gütern und Dienstleistungen, in der Regel mit einer Zweckbestimmung versehen. Sie zeichnen sich dadurch aus, dass sie ohne Gegenleistung erfolgen. Unter Finanzierungsgesichtspunkten handelt es sich um einen Vermögenszuwachs.

Für Unternehmen sind Spenden steuerlich grundsätzlich nicht als Betriebsausgabe abziehbar. Trotzdem nimmt die Spendenbereitschaft deutscher Unternehmen zu, weil Spenden an allgemein anerkannte Organisationen zu verstärkter sozialer Anerkennung führen. Immer mehr Unternehmen geben auch eigene Reports über ihre gesellschaftlichen Engagements heraus, weil Kunden und Analysten verstärkt nach solchen Aktivitäten fragen.

6.3.4.3 Förderprogramme

Öffentliche Fördermittel sind Zuwendungen des Staates, um bestimmte politische und wirtschaftliche Ziele zu erreichen. Damit ist ihr Einsatz als Finanzierungsinstrument davon abhängig, ob die Ziele, die mit öffentlichen Förderungen verfolgt werden sollen, durch die Ziele des Netzwerks erreicht werden können. Es handelt sich nicht um finanzielle Geschenke, denn der Empfänger hat vorgegebene Kriterien zu erfüllen. Der Staat formuliert die Bedingungen und nur, wenn diese erfüllt werden, kann der Empfänger Fördermittel in Anspruch nehmen.

Anlässe für Zuwendungen sind z.B. eine Umstellung auf umweltfreundliche Verfahren, die Entwicklung gesundheitsfördernder Lebenswelten oder die Schaffung neuer Arbeitsplätze. Für einige Fördermittel ist die Stellungnahme einer unabhängigen, fachlich kompetenten Stelle oder ein Beirat (z.B. Kammer, Wirtschaftsprüfer, Wissenschaftskommission) erforderlich, der die Erfolgsaussichten des Vorhabens und die Qualifikation des Antragstellers beurteilt.

Die Fördermaßnahmen beziehen sich u.a. auf: Existenzgründung, Beratung, Innovationen, bestimmte Regionen, Mittelstand, Forschung und Technologie, Bildung, Gesundheit, internationale Beziehungen. Auch zur Unterstützung von Trägern im sozialen Bereich stellen staatliche Stellen Finanzierungsmittel zur Verfügung.

Zu den Zielen, die von den Subventionsgebern in diesem Zusammenhang verfolgt werden, gehören als wichtigste:

- *Sicherung von Arbeitsplätzen* – Vorrangiges Ziel der Förderung ist die Erhaltung von Arbeitsplätzen und die Schaffung von neuen Arbeitsplätzen sowohl in schon bestehenden Einrichtungen als auch bei Existenzgründungen. Die Schaffung und Erhaltung von Arbeitsplätzen wird durch Zuschüsse für neue Arbeitsplätze oder durch besonders günstige Kreditkonditionen gefördert.

- **Förderung von Regionen** – Fördermittel werden eingesetzt zur Unterstützung bestimmter Regionen. So gibt es in den neuen Bundesländern oft erheblich günstigere Bedingungen als in den meisten alten Bundesländern.
- **Förderung von kleineren Interessenten** – Die Förderprogramme sind oft genau auf die Bedürfnisse kleinerer und mittlerer Organisationen (in verschiedenen Phasen) abgestimmt.

Folgende Formen sind am wichtigsten:

- Zuschüsse sind nicht rückzahlbare Zuwendungen des Staates. Zuschüsse werden immer an Bedingungen geknüpft, die vom Empfänger erfüllt werden müssen. Andernfalls muss der Zuschuss i.d.R. zurückgezahlt werden. Diese Form ist eher gebräuchlich für angebotsorientierte Leistungen. Richtlinien definieren die förderungsfähigen Kosten und legen hierzu einen prozentualen Anteil als öffentliche Förderung (Personal- und Maßnahmenförderung, Projektförderung, institutionelle Förderung usw.) fest.
- Bei der Kofinanzierung werden nur dann Mittel zur Verfügung gestellt, wenn der Zuwendungsempfänger selbst einen bestimmten Finanzierungsanteil übernimmt.
- Durch Vertrag wird für eine konkrete zu erbringende Leistung eine Kostenerstattung oder Kostenbeteiligung vereinbart. Eine Unterart der Kostenerstattung stellt die Abrechnung nach so genannten Fachleistungsstunden dar.

▶ **Praxistipp** Mit der Förderdatenbank des Bundes „www.foerderdatenbank.de" gibt die Bundesregierung einen vollständigen und aktuellen Überblick über die Förderprogramme des Bundes, der Länder und der Europäischen Union. Die Förderungsmöglichkeiten werden unabhängig von der Förderebene oder dem Fördergeber nach einheitlichen Kriterien und in einer konsistenten Darstellung zusammengefasst. Dabei werden auch die Zusammenhänge zwischen den einzelnen Programmen aufgezeigt, die für eine effiziente Nutzung der staatlichen Förderung von Bedeutung sind.

a) Institutionelle Förderung

Die öffentlichen Geldgeber können einzelne Projekte fördern oder pauschal ein gesamtes Netzwerk. Es zeigt sich allerdings, dass Netzwerke zunehmend insbesondere dann gefördert werden, wenn sie auch operative Maßnahmen im Rahmen der Förderung wahrnehmen. Das liegt wohl nicht nur an den begrenzten Mitteln, vielmehr ist die inhaltliche Einflussnahme einfacher, wenn überschau-

6 Finanzierung

bare Maßnahmen gefördert werden. Die häufigste Art der Zuschüsse sind Festbetrags- oder Fehlbedarfsfinanzierungen.
Um zu einer institutionellen Förderung zu gelangen, ist meistens eine langfristige und intensive Lobbyarbeit erforderlich. Letztlich muss eine entsprechende Haushaltsstelle eingerichtet bzw. aufgestockt werden, was nur durch die zuständigen Gremien (z.b. Gemeinderat, Landesparlament) möglich ist.
Dennoch ist es auch für soziale Netzwerke lohnend, eine institutionelle Unterstützung anzustreben. Das gilt besonders dann, wenn die Ziele des Netzwerks im öffentlichen Interesse liegen und auf andere Weise nicht oder nicht mit gleichem Ergebnis erreicht werden könnten.

Beispiel

In einem Landkreis soll die Beratung zur Fort- und Weiterbildung verbessert werden. Die öffentlichen und privaten Anbieter, die ebenfalls ein eigenes Interesse an der Einrichtung einer zentralen Informationsstelle haben, werden beauftragt, eine Bildungsberatungsstelle einzurichten. Die Anfangsinvestition und die Betriebskosten übernimmt der Landkreis.

b) Projektförderung
Für öffentliche Geldgeber stellt die Finanzierung von Projekten, also Vorhaben mit einem zeitlichen Anfang und Ende und einem bestimmten Arbeits- und Finanzumfang, eine zentrale Kategorie dar. Sie

- können vielfach aufgrund ihrer eigenen Haushaltssituation nur begrenzte und überschaubare Finanzierungszusagen machen.
- haben eigene inhaltliche Vorstellungen, die von unterschiedlichsten Einflüssen bestimmt werden.

Darauf ist bei den Projektanträgen Rücksicht zu nehmen.

▶   **Praxistipp** Um Projektmittel akquirieren zu können, ist eine umfangreiche und zielgerichtete Marketingarbeit notwendig. Der Projektantrag soll „überzeugen". Deshalb ist sorgfältig auf die stringente Darstellung und eine griffige Formulierung zu achten.
Ein Projekt „Tore für N-Stadt" ist attraktiver als „Mobile Beratung von schwierigen Jugendlichen anlässlich der Durchführung von Fußballturnieren".

Im Einzelfall ist dabei sicher kritisch zu hinterfragen, ob es sich wirklich um eine Innovation handelt oder ob durch kreative Formulierungen nur dieser Eindruck erweckt wird.

Eine besondere Bedeutung kommt der Ermittlung und Gestaltung der Projektkosten zu (vgl. Nicolini, 2005). Besonders die anteiligen fixen Kosten wie Miete, Telefon, Buchhaltungskosten u.Ä. werden leicht übersehen.

Grundsätzlich sind unterschiedliche Förderformen möglich:

- Bei einer Anteilsfinanzierung, wird eine Maßnahme mit einem bestimmten Prozentsatz gefördert.
- Bei der Festbetragsfinanzierung handelt es sich um nicht rückzahlbare Zuschüsse in einer bekannten absoluten Höhe.
- Bei einer Fehlbetragsfinanzierung wird – in einem vereinbarten Rahmen – die Differenz zwischen Ausgaben und Einnahmen übernommen.

Bestimmte Förderungsformen setzen voraus, dass Modellprojekte beantragt werden. Die EU möchte z.b. innovative und zukunftsweisende Formen der jeweiligen Problemlösung fördern. Aber auch Ministerien fördern oft Projekte nur, wenn sie ein spezielles und neues Konzept umsetzen. Stiftungen verstehen sich ebenfalls oft als Anschubfinanziers für neue Ideen.

▶ **Praxistipp** Beispielhafte Projekte können nur dann eine Ausstrahlung haben, wenn sie auch bekannt werden. Daher sollte im Finanzierungsantrag auch ein angemessener Betrag für Öffentlichkeitsarbeit und für die abschließende Publikation der Ergebnisse vorgesehen sein.

6.3.5 Einzelförderung

6.3.5.1 Stiftungen

Unter „Stiftung" wird die Einrichtung einer Institution verstanden oder die Zuweisung (Schenkung) von Vermögenswerten, meist für wohltätige oder gemeinnützige Zwecke. Beide Aspekte können auch für die Finanzierung von Netzwerken von Interesse sein. Etwa ein Drittel der Stiftungen beschäftigt sich mit sozialen Projekten.

Die Stiftungsvermögen sind sehr unterschiedlich und keineswegs immer außerordentlich hoch. Bei ihrer Gründung verfügt nur etwa die Hälfte über ein Stiftungsvermögen von mehr als 250.000 €, etwa 16% sogar über weniger als

50.000 €. Im Laufe ihres Bestehens verbessert sich allerdings die finanzielle Situation, tatsächlich verfügen ca. 30% der bestehenden Stiftungen über ein Kapital von mehr als 1 Mio. €.

Voraussetzung für eine erfolgreiche Zusammenarbeit mit Stiftungen ist die präzise eigene Vorbereitung. Das Vorhaben muss klar definiert sein. Dazu gehören ein Zeitrahmen für das Vorhaben ebenso wie Finanzierungspläne und Angaben zum Personalaufwand. Erst im Anschluss an eine exakte und vollständige Projekt-Konzeption kann die Frage nach einem passenden Ansprechpartner aus dem Bereich des Stiftungswesens gestellt werden.

Nach Abschluss der konzeptionellen Ausarbeitung eines Netzwerkprojekts steht in erster Linie die Recherche nach einer passenden Stiftung. Vor einer Antragstellung sollten die aktuellen Aktivitäten und Tätigkeitsbereiche der Stiftung bekannt sein. Danach sollte die Stiftung telefonisch oder schriftlich um Informationen über ihre derzeitigen Schwerpunktaktivitäten gebeten werden. Das ist vor allem wichtig, weil manche Stiftungen für einen bestimmten Zeitraum nur einzelne Projekte unterstützen.

6.3.5.2 Benefizveranstaltungen

Um ausreichend finanzielle Mittel für die erfolgreiche Umsetzung von Netzwerken zu erhalten, können Benefizveranstaltungen durchgeführt werden. Die Erlöse aus Eintrittsgeldern oder Verkäufen können zu einer finanziellen Stabilisierung beitragen. Neben dem finanziellen Aspekt ist – bei Erfolg der Veranstaltung – der nachhaltige gute Eindruck nicht zu vernachlässigen, mit dem positive Emotionen aufgebaut werden und eine längerfristige Bindung angestoßen werden kann. Wichtig dabei ist, dass die Veranstaltung und das Bemühen des Veranstalters glaubwürdig sind.

Die Aufmerksamkeit für Veranstaltungen kann gesteigert werden, wenn es gelingt, Prominente zu einer Teilnahme oder Unterstützung zu gewinnen. Dann ist sowohl das Interesse der potenziellen Besucher höher als auch die Berichterstattung in der Presse umfangreicher.

Erfolg versprechend ist ebenfalls die Zusammenarbeit mit Organisationen, die ihre Aufgabe allgemein in sozialem Engagement sehen wie Rotary oder Lions. Schließlich führt auch die Einbindung in größere Events wie Stadtfeste, Straßenfeste u.ä. zu erhöhter Aufmerksamkeit und verstärktem Publikumszuspruch. Wenn dann noch die Vermarktung des Events professionell durchgeführt wird, kann im Schatten dieses Ereignisses ein finanzieller Erfolg erhofft werden.

Unter Finanzierungsgesichtspunkten muss ergänzend angemerkt werden, dass Benefizveranstaltungen im Allgemeinen nicht zu einem regelmäßigen, der Höhe nach kalkulierbaren Mittelzufluss führen. So attraktiv das mögliche Ergebnis ist, so wenig ist es planbar. Deshalb sollten die Einnahmen als erfreuliche, zusätzliche finanzielle Gestaltungsmöglichkeiten verstanden, aber nicht als Teil einer grundlegenden Finanzierung angesehen werden.

6.3.5.3 Merchandising

Unter Merchandising wird innerhalb der Kommunikationspolitik der Vertrieb und die Werbung für Artikel verstanden, die das gleiche Logo oder die gleiche Botschaft transportieren wie ein bereits bekanntes Produkt. Insbesondere soll auf diese Weise ein positives, ideelles Markenimage auf eine Vielzahl von Gegenständen übertragen werden.

Netzwerke mit positivem Image und attraktiven Merchandising-Ideen können so – wenn auch in der Regel in eher bescheidenem Ausmaß – den Zugang zu zusätzlichen finanziellen Mitteln erschließen.

6.3.5.4 Bußgelder

Das Bußgeld ist eine verwaltungsrechtliche Sanktion bei Ordnungswidrigkeiten. Es kann bei weniger gravierenden Verstößen verhängt werden in Fällen, in denen das Strafrecht – noch – nicht greift.

In einem Gerichtsbeschluss wird festgelegt, ob die Geldbuße an die Staatskasse oder eine gemeinnützige Organisation fließen soll. Der angerichtete Schaden soll so wieder gut gemacht werden. Die Richter können dabei auf eine „Bußgeldliste" zurückgreifen.

Die Aufnahme in die Bußgeldliste garantiert allerdings noch nicht, dass tatsächlich auch Bußgelder zugeteilt werden. Richter entscheiden selbstverständlich unabhängig und können theoretisch auch anderen Interessenten, die nicht in die Liste eingetragen sind, Bußgelder zusprechen.

> ▶ **Praxistipp** Eine möglichst persönliche Kontaktaufnahme mit den in Frage kommenden Richtern und Staatsanwälten mit einer Darstellung der eigenen Aktivitäten hält die Organisation in Erinnerung und fördert die wohlwollende Beachtung.
> Rechtsanwälte kennen oft die Richter und können leicht den Kontakt pflegen.
> Dem Gericht sollten Blankoüberweisungsaufträge mit eingedruckter Bankverbindung vorliegen. Das vereinfacht die Abwicklung und motiviert zu weiterer Zusammenarbeit.
> Die Eintragung kann auch gleichzeitig bei mehreren Gerichten erfolgen.

6.3.5.5 Lotteriemittel

Lotteriemittel sind eine weitere Möglichkeit, die Finanzierung von Netzwerken zu ergänzen. Lotterierecht ist in Deutschland Landesrecht, jedes Bundesland hat ein eigenes Lotteriewesen und ein eigenes Lotteriegesetz. Dort wird auch geregelt, zu welchen Anteilen und in welcher Form z.b. gemeinnützige Organisationen aus dem Gewinn der Lotteriegesellschaften gefördert werden. Im Sinne des jeweiligen Landes werden aus Sicht der Gesellschaften nicht unerhebliche Beträge zur Verfügung gestellt. Typische Engagements finden in folgenden Bereichen statt:

- Sportförderung
- Gesundheit
- Kunst- und Kulturförderung
- Denkmalpflege
- Naturschutz
- Förderung Sozialer Projekte

Die 16 Lotteriegesellschaften sind zusammengeschlossen im Deutschen Lotto- und Totoblock. Bei den Lotterien der ARD „Aktion Mensch" und „Ein Platz an der Sonne" führen die Lotteriegesellschaften ihre Gewinne an die jeweiligen gemeinnützigen Träger ab. Diese werden durch ein Kuratorium aus Vertretern der öffentlichen Hand, der Fernsehgesellschaften und der Wohlfahrtsverbände kontrolliert.

Aktion Mensch
Förderbereiche der „Aktion Mensch" (1964 entstanden als „Aktion Sorgenkind") sind u.a. die Unterstützung von Behinderten, Kindern und Jugendlichen. Neben der Basisförderung (max. Fördersumme 250.000 €) gibt es eine Impulsförderung, die dort ansetzt, wo kurzfristig und begrenzt Hilfe notwendig ist. Das Kuratorium bilden Vertreter des ZDF, der Wohlfahrtsverbände und der Behindertenorganisationen.

▶ **Praxistipp** Nach eigenen Abgaben fördert die „Aktion Mensch" mit den Einnahmen der Lotterie jeden Monat über 300 soziale Projekte der Behinderten-, Kinder- und Jugendhilfe.

Deutsches Hilfswerk
Die Stiftung Deutsches Hilfswerk verwendet die Mittel, die durch die ARD-Lotterie »Ein Platz an der Sonne« erwirtschaftet werden. Förderschwerpunkte sind traditionell Projekte für ältere Menschen, zunehmend aber auch für Jugendliche.

Das Kuratorium setzt sich aus Vertretern der ARD, der öffentlichen Verwaltung und der Wohlfahrtsverbände zusammen.

Deutsche Klassenlotterie
Ein Sonderfall ist die Stiftung Deutsche Klassenlotterie, die an die Berliner Lotto Gesellschaft angebunden ist. Hier fließt der Gewinn nicht – wie in den meisten anderen Bundesländern – in den allgemeinen Landeshaushalt, sondern steht dieser Stiftung zur Verfügung. Berliner Institutionen, insbesondere Vereine und Verbände, können ihre Anträge auf Unterstützung für soziale, karitative, kulturelle, staatsbürgerliche und dem Umweltschutz dienende Maßnahmen bei der DKLB-Stiftung einreichen.

Glücksspirale
Die Glücksspirale wurde am 6. November 1969 vom Nationalen Olympischen Komitee, dem Deutschen Lotto- und Totoblock und dem öffentlich rechtlichen Fernsehen zunächst zur Unterstützung der Olympischen Spiele 1972 in München eingeführt. Danach half sie bei der Finanzierung der Fußball-Weltmeisterschaft 1974.

Seit diesen beiden Ereignissen fließen Mittel in den Bereich der Wohlfahrt, des Sports, der Denkmalpflege und der Stiftung Natur und Umwelt. Der erwirtschaftete Überschuss geht zu gleichen Teilen an die Bundesarbeitsgemeinschaft der Freien Wohlfahrtspflege, den Deutschen Sportbund, die Deutsche Stiftung Denkmalschutz und das Land Baden-Württemberg für Projekte im Natur- und Umweltschutz.

6.3.6 Verkauf von Leistungen
Wenn Netzwerke zu Ergebnissen führen, die auch für andere interessant sind, kann entschieden werden, ob diese gegen Entgelt angeboten werden sollen.

Denkbar sind:

- **der Verkauf von Informationen**

Beispiele

Herausgabe von Übersichten zu
- ➢ Fördermöglichkeiten
- ➢ Referenten
- ➢ relevanten Internetseiten

- **das Angebot von Beratungsleistungen**

> **Beispiele**
>
> ➢ Unterstützung bei der Entwicklung einer Marketingstrategie
> ➢ Hilfe bei der Auswahl von Werbeträgern
> ➢ Einschätzung der Akzeptanz eines neuen Angebotes

- **die Übernahme von Dienstleistungen**

> **Beispiel**
>
> Aufgrund ihrer Erfahrungen wird die Leitung des Netzwerks beauftragt, für ein Nicht-Mitglied einen Förderantrag zu formulieren, einzureichen und gegebenenfalls abzuwickeln bis hin zur Schlussabrechnung. Für ein Netzwerk können dadurch finanzielle Mittel in erheblicher Höhe generiert werden. Allerdings muss geprüft werden, ob

➢ ein Alleinstellungsmerkmal aufgegeben wird,
➢ unerwünschte Konkurrenz geschaffen wird oder
➢ das Image des Netzwerks beschädigt wird.

Sofern ein marktfähiges Produkt Ergebnis der Netzwerkarbeit ist, kann der Verkauf natürlich ebenfalls zum Zufluss von Finanzmitteln in das Netzwerk genutzt werden.

▶ **Praxistipp** In jedem Fall sind beim Verkauf eventuelle steuerliche Konsequenzen zu prüfen. Insbesondere wird es in der Regel nicht sinnvoll sein, die Schwelle zu einem „wirtschaftlichen Geschäftsbetrieb" zu überschreiten.

6.4 Finanzcontrolling

Durch das Controlling ist festzustellen, ob in dem Netzwerk sorgfältig gewirtschaftet worden ist, ob die Finanzmittel zielgerichtet und effizient eingesetzt worden sind und ob die fälligen Zahlungsverpflichtungen jederzeit uneingeschränkt erfüllt werden konnten.

Allerdings kann das Controlling nur dann aussagefähige Ergebnisse liefern, wenn sie mit den geplanten bzw. gewünschten Ergebnissen verglichen werden. Zu einem Finanzcontrolling gehören deshalb

- ein funktionierendes Planungs- und Kontrollsystem und
- eine systemgestützte Informationsverarbeitung.

Dazu steht umfangreiche Software zur Verfügung, die nach der individuellen Situation ausgesucht und gegebenenfalls angepasst werden muss.

Finanzcontrolling ist damit das Bemühen, die Ziele und Möglichkeiten des Netzwerks so zu integrieren, dass unter den gegebenen finanziellen Bedingungen ein effizientes, kontrollierbares und zielgerichtetes Handeln erreicht werden kann.

6.4.1 Organisation der Kontrolle

Auch bei noch so harmonischer Zusammenarbeit und bei ausgeprägtem Vertrauen der Netzwerkakteure untereinander, soll jeder Anlass für Misstrauen bei finanziellen Aktionen ausgeschaltet werden. Das geschieht am einfachsten durch Anwendung des **Vier-Augen-Prinzips,** das durch das **Zwei-Akteure-Prinzip** variiert werden sollte.

Diese auch „Two-man rule" genannte Regel besagt, dass wichtige Entscheidungen nicht von einer einzelnen Person – und hier nicht von einem einzelnen Mitglied des Netzwerks – getroffen werden dürfen. So wird das Risiko von Fehlern und Missbrauch reduziert.

> **Beispiel**
>
> Die Kasse des Netzwerks wird von einem „Schatzmeister" oder „Kassierer" geführt. Um das Netzwerk vor möglichen Fehlern zu bewahren, werden ein oder zwei Kassenprüfer bestimmt, die nach unabhängiger Kontrolle bestätigen können, dass die Kasse – soweit nachvollziehbar – korrekt geführt ist.

Daraus folgt, dass über ein gemeinsames Konto immer mehrere Personen die Verfügugsberechtigung haben sollen, die möglichst auch verschiedene Netzwerkakteure vertreten. So können auch Probleme im Verhinderungsfall, z.B. bei Krankheit, vermieden werden.

Der Umfang und die Organisation des Controllings sollte davon abhängen, wie hoch der Organisationsgrad des Netzwerks ist.

- Bei einem geringen Organisationsgrad zeigt sich, dass Netzwerke umso erfolgreicher agieren, je mehr Controlling-Instrumente eingesetzt werden. Insbesondere bei wenig etablierten Prozessen sollte durch das Controlling die Möglichkeit einer Erfolgsmessung geschaffen werden.
- Bei einem hohen Organisationsgrad dagegen, bei dem wenig Ermessensspielräume bestehen, sollte eine Überregulierung vermieden werden. Dem Controlling kann dann eine weniger hervorgehobene Rolle eingeräumt werden.

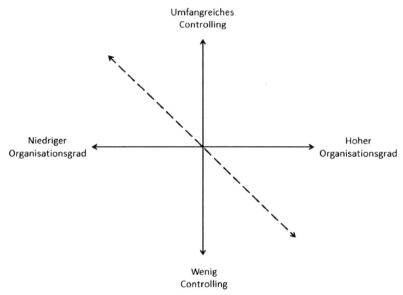

Abb. 35 Organisationsgrad Controlling

Neben der Berücksichtigung organisatorischer und formaler Fragen müssen Instrumente bereitgestellt werden, mit denen die für Finanzentscheidungen notwendigen Informationen erhoben, aufbereitet und verdichtet werden können. Die Qualität der Ergebnisse bestimmt die Qualität der daraus folgenden Entscheidungen.

In erfolgreichen Netzwerken werden folgende Controllinginstrumente genutzt:
- Kennzahlen
- Abweichungsanalysen
- Deckungsbeitragsrechnung
- Gemeinsame Ergebnisrechnung
- Meilensteine in Projekten

- Risikocontrolling
- Balanced Scorecard

6.4.2 Kennzahlen

Kennzahlen sind Maßgrößen, die in konzentrierter Form Auskunft geben über quantitativ erfassbare Sachverhalte. Es handelt sich um Managementinstrumente, die grundsätzlich in allen Organisationsformen und deshalb auch in Netzwerken eingesetzt werden können, wenn auch mit unterschiedlicher Zielrichtung und Detaillierungstiefe.

Durch Kennzahlen sollen komplexe Zusammenhänge auf relativ einfache Weise dargestellt werden, um einen möglichst schnellen und doch umfassenden Überblick zu erhalten. Sie liefern quantitative Informationen über die organisatorische und wirtschaftliche Leistungsfähigkeit des Netzwerks. Da Kennzahlen isoliert betrachtet nur eine sehr begrenzte Aussagefähigkeit haben können, erfolgt ihre Bewertung in der Regel durch einen Kennzahlenvergleich. Abhängig von den Rahmenbedingungen können verschiedene Ziele verfolgt werden:

- Interne Leistungsbeurteilung. Kennzahlen dienen der Erfassung des Ist-Zustandes und erlauben die Verfolgung der zeitlichen Entwicklung.
- Positionsbestimmung im externen Vergleich. Orientierung an anderen, aber ähnlichen Netzwerken, um Verbesserungsmöglichkeiten zu ermitteln.
- Bestimmung von Zielen des Netzwerks. Auf der Basis von Zielwerten von Kennzahlen lässt sich das Netzwerk in einem permanenten Verbesserungsprozess steuern.
- Qualitätsmanagement. Kennzahlen können als Element dienen bei der Ausrichtung kontinuierlicher Verbesserungsprozesse.
- Öffentlichkeitsarbeit. Kennzahlen können die Leistungsfähigkeit dokumentieren und die Erfolge transparent machen.

In der Praxis ist eine große Zahl von unterschiedlichen Kennzahlen bekannt. Sie lassen sich im Zusammenhang darstellen:

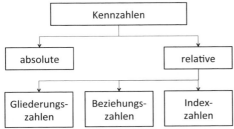

Abb. 36 Abbildung Kennzahlen

Absolutzahlen werden direkt übernommen. Sie können auf Mengen- oder Wertangaben basieren.

> **Beispiel**
>
> Die Zahl der Netzwerkmitglieder kann eine wichtige Information darstellen. Wenn ein Projekt öffentlich finanziell unterstützt werden soll, stellt die Reichweite ein wesentliches Entscheidungskriterium dar.

Gliederungszahlen geben den Anteil einer Teilgröße an der zugehörigen Gesamtgröße an.

> **Beispiel**
>
> $$\frac{\text{Zahl der Frauen}}{\text{Mitarbeiter}} \times 100 = \text{Frauenquote}$$

Bei **Beziehungszahlen** werden zwei Größen zueinander in Beziehung gesetzt, zwischen denen eine Ursache-Wirkungs-Beziehung vermutet wird.

> **Beispiel**
>
> $$\frac{\text{Zahl der Lehrenden}}{\text{Zahl der Studierenden}} \times 100 = \text{Betreuungsquote}$$

Welche Art von Kennzahl gewählt wird, ist im Einzelfall abhängig von den Informationszielen, die erreicht werden sollen. Kritisch ist anzumerken, dass die

Aussagekraft von Kennzahlen nicht überschätzt werden darf, ihre Eignung ist im Einzelfall zu prüfen.

6.4.3 Liquiditätssicherung

Die Leitung eines Netzwerks verfolgt auch eine finanz- und liquiditätsorientierte Steuerung. Dadurch soll sichergestellt werden, dass seine Zahlungsfähigkeit jederzeit gegeben ist, gleichzeitig aber eine Überliquidität, d.h. ein überzogen hoher Bestand an Zahlungsmitteln, vermieden wird. Dabei müssen zwei Aspekte berücksichtigt werden:

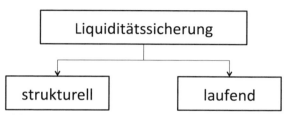

Abb. 37 Arten der Liquiditätssicherung

Die strukturelle Liquiditätssicherung sorgt dafür, dass die geplanten Ausgaben durch die geplanten Einnahmen gedeckt sind. Sie bildet die Basis für die langfristig solide finanzielle Ausstattung des Netzwerks. Die laufende Liquiditätssicherung orientiert sich an dem Finanzplan, der alle Zahlungsströme abbildet, damit jederzeit der Bedarf oder der Überschuss an finanziellen Mitteln erkannt werden kann.

6.4.4 Liquiditätssteuerung

Die Liquiditätssteuerung regelt die künftigen periodenbezogenen Einzahlungen und Auszahlungen, um die Zahlungsfähigkeit im Zeitraum T gewährleisten zu können.

6 Finanzierung

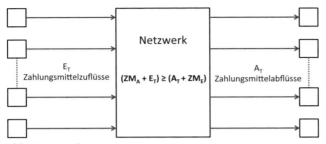

Abb. 38 Liquiditätssteuerung

ZM_A = Zahlungsmittelbestand zu Beginn der Periode
E_T = Einzahlungen während der Periode
A_T = Auszahlungen während der Periode
ZM_E = notwendiger Zahlungsmittelbestand am Ende der Periode

Bei langen Perioden kann es sinnvoll sein, die Ein- und Auszahlungen zu diskontieren, damit die Rechnung nicht verzerrt wird durch die unterschiedlichen Zeitpunkte der jeweiligen Zahlungen.

Um eine sinnvolle Liquiditätssteuerung durchführen zu können, müssen für jede Planungsperiode mindestens folgende Größen berücksichtigt werden:

- Bestand an finanziellen Mitteln am Anfang der Periode;
- Einzahlungen während der Periode;
- Auszahlungen während der Periode;
- Über- bzw. Unterdeckung zu jedem Zeitpunkt während der Periode;
- Notwendiger Bestand an finanziellen Mitteln am Ende der Periode.

Wichtigste Maßnahmen zur Liquiditätssteuerung sind das Forderungs- und Zahlungsmanagement.

6.4.5 Abweichungsanalysen

Mit einer Abweichungsanalyse können in einem Netzwerk die Ursachen von Planabweichungen ermittelt werden. Dabei soll geklärt werden, ob die festgestellten Abweichungen durch interne oder externe Einflüsse begründet sind und ob sie beeinflussbar oder nicht beeinflussbar sind. Kennt man die Ursachen, können Gegensteuerungsmaßnahmen zur Plan- bzw. Zielerreichung erarbeitet und eingeleitet werden.

Darin liegt auch die eigentliche Bedeutung der Abweichungsanalyse: Die Gegenüberstellung der Plan- und Ist-Werte muss zur Folge haben, dass von den

Verantwortlichen Konsequenzen aus den gewonnenen Erkenntnissen gezogen werden.

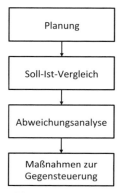

Abb. 39 Abweichungsanalysen

6.4.6 Gemeinsame Ergebnisrechnung

Bei dieser Art des Controllings wird das Netzwerk behandelt wie eine Organisationseinheit. Der Erfolg wird ermittelt als Überschuss – oder gegebenenfalls als Fehlbetrag – des gesamten Netzwerks. Die Vorgehensweise im Einzelnen wird abhängig sein von den spezifischen Leistungsprozessen.

6.4.7 Meilensteine in Projekten

Meilensteine sind die markanten Zeitpunkte im Projektablauf eines Projekts, zu denen einzelne Arbeitsstufen abgeschlossen sein müssen. Sie sollen so vorgesehen und gestaffelt werden, dass einerseits eine Kumulation von Terminen vermieden wird und gleichzeitig eine Einbindung in andere betriebliche Planungen möglich ist. Meilensteine, also abgeschlossene Teilschritte, sind in vielen Fällen die Zeitpunkte, an denen die Controllinginstrumente sinnvoll eingesetzt werden können. Deshalb sollten sie auch zur Strukturierung von Netzwerkarbeit genutzt werden.

6.4.8 Risikocontrolling

Als Risiko wird die kalkulierte Prognose eines möglichen Schadens bezeichnet. Das Risikocontrolling soll eventuelle Risiken feststellen, die sich aus der Netzwerkarbeit ergeben. Es muss fester Bestandteil der Zusammenarbeit sein, um früh Anzeichen für eine Krise zu erkennen.

Außerdem soll das Risikobewusstsein der Netzwerkakteure gestärkt werden. Durch umfangreiche Informationen kann gewährleistet werden, dass Problemlösungen frühzeitig von allen Beteiligten angestrebt werden. Für die eigentliche Steuerung der Risiken und notwendige Gegenmaßnahmen ist das Risikomanagement zuständig.

6.4.9 Balanced Scorecard

Die Balanced Scorecard kann der Leitung des Netzwerks und den anderen Akteuren einen aktuellen ganzheitlichen Überblick über die Situation des Netzwerks und seiner Teilbereiche geben. Sie führt quantitative Kennzahlen zusammen, die die Leistungen eines Netzwerks aus vier verschiedenen Gesichtspunkten beschreiben. Dazu werden die Perspektiven Finanzen, Kunde, Innovation und Prozesse integriert und ganzheitlich betrachtet.

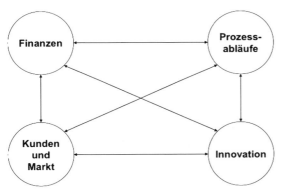

Abb. 40 Balanced Scorecard

Die typische Balanced Scorecard verbindet folgende Aspekte:

Bereich	Inhalt	Mögliche Kennzahlen
Finanzen	Klassische finanzielle Kennzahlen	Fördermittelanteil, Auftragsbestände, Liquidität, Verbindlichkeiten
Markt und Kunden	Klienteneinstellungen, Mandantenbeurteilungen	Zufriedenheitsindex, Marktanteil, Reichweiten
Prozesse	Beschreibung der internen Abläufe in Bezug auf Zeit, Qualität und Kosten	Wartezeiten, Erreichbarkeit der Mitarbeiter, Prozessinnovationen
Innovation	Offenheit gegenüber zukünftigen Entwicklungen, Reaktionen auf neue Entwicklungen, Vorbereitung auf neue Herausforderungen	Mitarbeiterzufriedenheit, Mitarbeiterqualifizierung

Tab. 4 Dimensionen der Balanced Scorecard

6.5 Fazit

Bei vielen sozialen Netzwerken steht die Frage der Finanzierung sicher nicht an erster Stelle der Überlegungen, schließlich soll die Zusammenarbeit vor allem inhaltliche und fachliche Ergebnisse zeigen. Die Akteure engagieren sich für ihre Ziele und verlieren dabei leicht aus den Augen, dass auch dann Kosten (z.B. durch die eingesetzte Arbeitszeit) entstehen, wenn – noch – keine Ausgaben erforderlich werden.

Bei knapper werdenden Mitteln ist aber genau deshalb wichtig, die Netzwerkarbeit auch finanziell solide abzusichern. Die Möglichkeiten dazu sind vielfältig und werden bei jedem Netzwerk unterschiedlich sein. Es liegt dann im Interesse aller beteiligten Akteure, auch diesen Aspekt frühzeitig zu berücksichtigen, sich über die Finanzierung zu verständigen und eine für alle akzeptable Lösung zu vereinbaren, damit das gemeinsame Ziel nicht durch ein finanzielles Desaster unerreichbar wird.

7 Literatur

Altmann, G; Fiebiger, H., Müller, R. (1999): Konflikte und Konfliktlösungsmöglichkeiten, in Mediation: Konfliktmanagement für moderne Unternehmen, Weinheim und Basel: Beltz Verlag, pp. 30-37.

Arnstein, S.R. (1969): A Ladder of Citizen Partizipation, Journal of the American Planning Association, Bd. 35, Nr. 4, pp. 216-224.

AWO Bundesverband (Hg.): (2004): Qualitätsentwicklung für lokale Netzwerkarbeit. Eine Arbeitshilfe für die Praxis, Bonn.

Badura, B; von dem Knesebeck, O. (2012): Soziologische Grundlagen der Gesundheitswissenschaften In: Hurrelmann, K., Razum, O. (Hg): Handbuch Gesundheitswissenschaften 5. Vollst. überarb. Aufl. Weinheim und Basel: 187-220.

Barnes, John A. (1969): Graph theory and social networks. In: Sociology, Jg. 3, S. 215-232.

Barnes, John A. (1954): Class and committees in a Norwegian island parish. In: Human

Bauer, P; Otto, U. (2005): Mit Netzwerken professionell zusammenarbeiten, Band 2: Institutionelle Steuerungs- und Kooperationsperspektive, Tübingen.

Becker, R; Weise, F. (2002): Controlling für die Öffentliche Verwaltung - innovative Steuerungskonzepte in der Praxis, in: Gleich, Ronald, Möller, Klaus, Seiden- schwanz, Werner und Stoi, Roman (Hrsg.): Controlling Fortschritte. München.

Beywl (2004): http://www.bmas.de/SharedDocs/Downloads/DE/PDF-Publikationen/forschungsprojekt-a323_wirkungsorientierte_evaluation_im_rahmen_der_armutsberichterstattung.pdf?__blob=publicationFile

Bitzer, E.M; Schwartz F.W; Dörning, H; Walter, U. (2012): Evaluation und Qualitätssicherung im Gesundheitswesen. In: Hurrelmann, K., Razum, O. (Hg): Handbuch Gesundheitswissenschaften 5. Vollst. überarb. Aufl. Weinheim und Basel: 1123-1154.

Böhm, B., Janßen, M., Legewie, H. (1999): Zusammenarbeit professionell gestalten. Praxisleitfaden für Gesundheitsförderung, Sozialarbeit und Umweltschutz, Freiburg im Breisgau.

Bortz, J., Döring, N. (2006): Forschungsmethoden und Evaluation: für Human- und Sozialwissenschaftler. 4. Auflage.

Bourdieu, P. (1983): Ökonomisches Kapital, kulturelles Kapital, soziales Kapital, in Soziale Ungleichheiten (Soziale Welt, Sonderband 2), Göttingen, pp. 183-198.

DeGEval - Gesellschaft für Evaluation e.V. (2002): Standards für Evaluation. Köln.

Donabedian, A. (1980): Explorations in quality assessment and monitoring, Vol. I: The definition of quality and approaches to its assessment. Ann Arbor, Michigan: Health Administration Press.

Endres, E. (2001): Erfolgsfaktoren des Managements von Netzwerken. In: Howaldt, J; Kopp, R; Flocken, P. (Hg) Kooperationsverbünde und regionale Modernisierung. Theorie und Praxis der Netzwerkarbeit. Wiesbaden: 103-117.

Endres, E. (2008): Die Evaluation und Steuerung von Netzwerken durch Netzwertanalysen. In: Clases, C; Schulze, H; (Hg) Kooperation konkret! 14. Fachtagung der Gesellschaft für angewandte Wirtschaftspsychologie. Lengerich: Pabst Sc. Pub., 85-96.

Endres, E. (2011): Vernetzung - Was ist das und wie kann sie funktionieren? In: Gesundheit Berlin-Brandenburg. (Hg) Dokumentation 16. Bundesweiter Kongress Armut und Gesundheit, Berlin 2011

Feld, T.C. (2011): Netzwerke und Organisationsentwicklung in der Weiterbildung. Bielefeld.
Fisher, R; Ury W; Patton, B. (1984): Das Harvard-Konzept. Sachgerecht verhandeln – erfolgreich verhandeln. Frankfurt/Main.
Freeman, R.F. (1984): Strategic Management. A Stakeholder Approach. Boston: Pitman.
Gerhardus, A; Breckenkamp, J; Razum, O; Schmacke, N; Wenzel, H. (2010): Evidencedbased Public Health. Bern.
Geyer, S; Siegrist, J. (2012): Sozialwissenschaftliche Verfahren in den Gesundheitswissenschaften. In: Hurrelmann, K., Razum, O. (Hg): Handbuch Gesundheitswissenschaften 5. Vollst. überarb. Aufl. Weinheim und Basel: 343-373.
Graf, C. (LIGA.NRW) (Hg.) (2010): Planungshilfe für eine qualitätsgesicherte Umsetzung präventiver bzw. gesundheitsfördernder Maßnahmen zur Vermeidung von Übergewicht in Nordrhein-Westfalen. Landesinstitut für Gesundheit und Arbeit des Landes Nordrhein-Westfalen Bielefeld.
Groß, D; Holz, G; Boeckh, J. (2005): Qualitätsentwicklung lokaler Netzwerkarbeit. Ein Evaluationskonzept und Analyseraster zur Netzwerkentwicklung, Frankfurt a.M.
Groß D. (2005): Determinanten erfolgreicher Netzwerkarbeit, Beitrag zur Dokumentation der Tagung Netzwerkevaluation - Entwicklungsperspektiven einer Evaluationskultur. Köln.
Helmcke, M. (2008): Handbuch für Netzwerk- und Kooperationsmanagement. Bielefeld.
Hollstein, B; Straus, F. (2006): Qualitative Methoden und Netzwerkanalyse. Konzepte, Methoden, Anwendungen. Wiesbaden.
Illich, I. (1973): Selbstbegrenzung. „Tools for conviviality". Eine politische Kritik der Technik. Reinbek.
Kappelhoff, P. (1999): Der Netzwerkansatz als konzeptueller Rahmen für eine Theorie interorganisationaler Netzwerke. In: Sydow J, Windeler A (Hg) Steuerung von Netzwerken. Opladen: Westdeutscher Verlag.
Kiresuk, T.J; Smith, A; Cardillo, J.E. (1994): Goal Attainment Scaling: Applications, theory, and measurement. Lawrence Erlbaum: Hillsdale.
Kolip, P; Ackermann, G; Ruckstuhl, B; Studer, H. (2012): Gesundheitsförderung mit System. Quint-essenz - Qualitätsentwicklung in Projekten der Gesundheitsförderung und Prävention. Bern: Huber Hogrefe.
Kolip; P; Schäfer, I; Gerken, U; Mühlbach, A. (07/2011): Gesundheit fördern in vernetzten Strukturen. IPP-Schriften, Ausgabe 07/2011, Bremen.
Leidl, R. (2012): Der Effizienz auf der Spur: eine Einführung in die ökonomische Evaluation. In: Schwartz, F.W; Walter, U; Siegrist, J; Kolip, P; Leidl, R; Dierks, M.L; Busse, R; Schneider, N. (Hg) Public Health. Gesundheit und Gesundheitswesen. 3. völlig neu überarb. u. erw. Aufl. München: 493-515.
LIGA.NRW – Landesinstitut für Gesundheit und Arbeit NRW (2010) Qualität in Gesundheitsförderung und Prävention. Bielefeld: LIGA.NRW
Litke, H.D. (1995): Projektmanagement: Methoden, Techniken, Verhaltensweisen. 3., überarbeitete und erweiterte Auflage. München.
Manske, F; Moon, Y; Ruth, K; Deitmer, L. (2002): Ein prozess- und akteurorientiertes Evaluationsverfahren als Reflexionsmedium und Selbststeuerungsinstrument für Innovationsprozesse. (Zeitschrift für Evaluation 2002; 2: 249 ff.)
Ministerium für Frauen, Jugend, Familie und Gesundheit des Landes Nordrhein-Westfalen (2000): Ortsnahe Koordinierung der gesundheitlichen und sozialen Versorgung.

7 Literatur

Mutschke, P. (2004): Autorennetzwerke: Netzwerkanalyse für Informationsdienste. In: Bekavac, B; Herget, J; Rittberger, M. (Hg) Informationen zwischen Kultur und Marktwirtschaft. Proceedings des 9. Internationalen Symposiums für Informationswissenschaft (ISI 2005), Chur 6.-8. Okt 2004. Konstanz: UVK.

Naidoo, J; Wills, J. (2000): Lehrbuch der Gesundheitsförderung, Köln (BZgA).

Petermann, A. (2004a): Qualitätskriterien und Qualitätsentwicklung für lokale Netzwerkarbeit, in: Theorie und Praxis der Sozialen Arbeit, Heft 3/2004, S. 32 – 39

Nicolini, H. J. (2012): Sozialmanagement. Köln.

Nicolini, H. J. (2005): Kostenrechnung für Sozialberufe, Wiesbaden.

Nicolini H.J; Quilling, E. (2010): Organisations- und Führungsaufgaben. Bilanzbuchhalter Band 10. München.

Probst, G. et al. (1997): Wissen managen: Wie Unternehmen ihre wertvollste Ressource optimal nutzen, Wiesbaden.

Quilling, E; Nicolini H.J. (2009): Erfolgreiche Seminargestaltung. Wiesbaden.

Rappaport, J. (1977): Community Psychology. Values, research and action. New York: Holt, Rinehart & Winston.

Reiss, M. (1998): Mythos Netzwerkorganisation. zfo 1998; 67 Jg. (4): 226ff

Röhrle, B. (1994): Soziale Netzwerke und soziale Unterstützung. Weinheim.

Rossi, P.H; Freeman, H.E. (1993): Evaluation. A Systematic Approach. Newbury Park, London: Sage Publications.

Sänger, R; Bennewitz, H. (2001): Von der Last zur Lust an der Zusammenarbeit – Handlungsempfehlungen zum Aufbau von Netzwerken gegen Jugendarbeitslosigkeit, in: INBAS - Institut für Berufliche Bildung, Arbeitsmarkt- und Sozialpolitik GmbH (Hg.): Lokale und regionale Netzwerke zur sozialen und beruflichen Integration Jugendlicher, Offenbach am Main, S. 75 – 100. (Quelle: www.inbas.com/publikationen/download/inka2_lokale-regionale-netzwerke.pdf)

Scheuch, E.K. und Scheuch,U. (1992): Cliquen, Klüngel und Karrieren, Reinbek.

Schewe, G. (2012): Gablers Wirtschaftslexikon [Online]. (Quelle: http://wirtschaftslexikon.gabler.de/archiv/5359/organisationsstruktur-v8.html. [Zugriff am 30 Januar 2012].

Scriven, H.S. (1980): The logic of evaluation. Iverness, CA: Edge Press.

Seifert, J.W. (2004): Besprechungsmoderation. Offenbach.

Schubert, H. (2008): Netzwerkmanagement. Koordination von professionellen Vernetzungen - Grundlagen und Beispiele. Wiesbaden.

Schubert, H; Spieckermann, H. (2009): Arbeitshilfen zur Entwicklung und Steuerung von Netzwerken Früher Förderung, LVR.

Schulz von Thun, F. (Hrsg.) (2010): Miteinander reden 1: Störungen und Klärungen. Allgemeine Psychologie der Kommunikation, 48. Reinbek.

Spieckermann, H. (2005): Zur Evaluation von Netzwerken und Kooperationsmanagement (S.183 ff.), in: Bauer, P; Otto, U. (2005): Mit Netzwerken professionell zusammenarbeiten, Band 2: Institutionelle Steuerungs- und Kooperationsperspektive, Tübingen.

Steusloff, H. (2007): Messbarkeit der Kommunikationsqualität – ein neues Paradigma? Statement anlässlich der Präsentation der ersten Spezifikation von Qualitätskriterien und –messverfahren für die zwischenmenschliche Kommunikation als DIN-PAS (PAS 1072). IHK Pfalz, 28. Sept. 2007

Tiemeyer, E. (2002): Projekte erfolgreich managen. Methoden, Instrumente, Erfahrungen. Weinheim und Basel.

Watzlawick, P. (2009): Anleitung zum Unglücklichsein, 15. Hrsg., München.

Weyer, J. (Hrsg.) (2011): Soziale Netzwerke. Konzepte und Methoden der sozialwissenschaftlichen Netzwerkforschung. München.

Weiterführende Links

www.akademie.de/direkt?pid=43532&tid=11598 (letzter Zugriff 30.08.2011)
www.bvpraevention.de/cms/index.asp?inst=bvpg&snr=8493 (letzter Zugriff 23.08.2011)
www.cash-coop.de/cc-info.htm
www.evaluationstools.de/files/pr__vention_1003_s_066-069.pdf (v.2012_02_18)
www.evaluationstools.de/files/leitfaden_gas_endversion.pdf (v.2012_02_18)
www.foerderdatenbank.de
www.kreanets.com/fileadmin/documents/Netzwerker-Workshop-III/100428_nw_workshop_con_fin_v4.pdf
www.eval-wiki.org/glossar/Evaluation; letzter Zugriff 29.12.2012

VS Forschung | VS Research
Neu im Programm Soziologie

Ina Findeisen
Hürdenlauf zur Exzellenz
Karrierestufen junger Wissenschaftlerinnen und Wissenschaftler
2011. 309 S. Br. EUR 39,95
ISBN 978-3-531-17919-3

David Glowsky
Globale Partnerwahl
Soziale Ungleichheit als Motor transnationaler Heiratsentscheidungen
2011. 246 S. Br. EUR 39,95
ISBN 978-3-531-17672-7

Grit Höppner
Alt und schön
Geschlecht und Körperbilder im Kontext neoliberaler Gesellschaften
2011. 130 S. Br. EUR 29,95
ISBN 978-3-531-17905-6

Andrea Lengerer
Partnerlosigkeit in Deutschland
Entwicklung und soziale Unterschiede
2011. 252 S. Br. EUR 29,95
ISBN 978-3-531-17792-2

Markus Ottersbach /
Claus-Ulrich Prölß (Hrsg.)
Flüchtlingsschutz als globale und lokale Herausforderung
2011. 195 S. (Beiträge zur Regional- und Migrationsforschung) Br. EUR 39,95
ISBN 978-3-531-17395-5

Tobias Schröder / Jana Huck /
Gerhard de Haan
Transfer sozialer Innovationen
Eine zukunftsorientierte Fallstudie zur nachhaltigen Siedlungsentwicklung
2011. 199 S. Br. EUR 34,95
ISBN 978-3-531-18139-4

Anke Wahl
Die Sprache des Geldes
Finanzmarktengagement zwischen Klassenlage und Lebensstil
2011. 198 S. r. EUR 34,95
ISBN 978-3-531-18206-3

Tobias Wiß
Der Wandel der Alterssicherung in Deutschland
Die Rolle der Sozialpartner
2011. 300 S. Br. EUR 39,95
ISBN 978-3-531-18211-7

Erhältlich im Buchhandel oder beim Verlag.
Änderungen vorbehalten. Stand: Juli 2011.

Einfach bestellen:
SpringerDE-service@springer.com
tel +49 (0)6221 / 3 45 – 4301
springer-vs.de

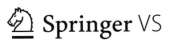

VS COLLEGE

REVIEWED RESEARCH: KURZ, BÜNDIG, AKTUELL

VS College richtet sich an hervorragende Nachwuchs-wissenschaftlerInnen, die außergewöhnliche Ergebnisse in Workshops oder Abschlussarbeiten erzielt haben und die ihre Resultate der Fachwelt präsentieren möchten.

Dank externer Begutachtungsverfahren fördert das Programm die Vernetzung des wissenschaftlichen Nachwuchses und sichert zugleich die Qualität.

Auf 60 - 120 Druckseiten werden aktuelle Forschungsergebnisse kurz und übersichtlich auf den Punkt gebracht und im Umfeld eines hervorragenden Lehrbuch- und Forschungsprogramms veröffentlicht.

__ Soziologie
__ Politik
__ Pädagogik
__ Medien
__ Psychologie

VS College